HIPPOLYTE VERLY

Les Socialistes au Pouvoir

HISTOIRE A LA PORTÉE DE TOUT LE MONDE

VERSION NOUVELLE

DU « TRIOMPHE DU SOCIALISME »

50e ÉDITION

HIPPOLYTE VERLY

LES SOCIALISTES

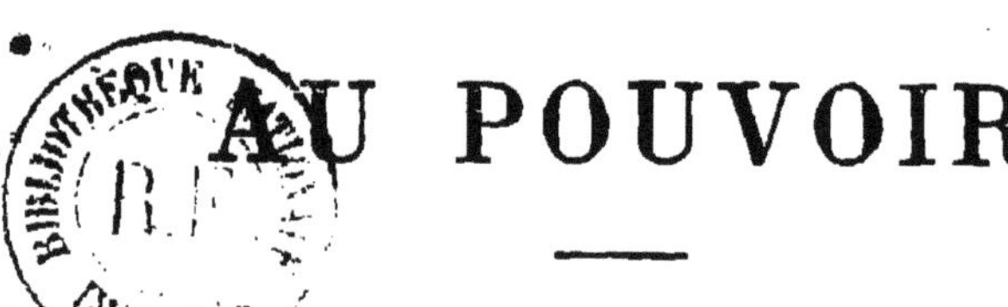

AU POUVOIR

SIMPLE HISTOIRE A LA PORTÉE DE TOUT LE MONDE

VERSION NOUVELLE

Du « Triomphe du Socialisme »

PARIS

LIBRAIRIE H. LE SOUDIER

174, BOULEVARD SAINT-GERMAIN, 174

1898

LES

SOCIALISTES AU POUVOIR

I

LA FÊTE DU 1er MAI 19**

Voilà que l'ère nouvelle est définitivement inaugurée : nous célébrons aujourd'hui la première fête officielle de la Démocratie sociale internationale.

Notre drapeau rouge, symbole de la fraternité universelle, flamboie sur tous les monuments de Paris, à la place du chiffon tricolore, vieil emblème de la tyrannie bourgeoise et des guerres fratricides.

Que ne sont-ils là pour assister à leur triomphe, notre glorieux Guesde et notre puissant Jaurès !

Quoique ma barbe ait changé de couleur depuis ces jours-là, mes oreilles frémissent encore des éclats de leur éloquence, lorsqu'ils annonçaient à nos ennemis que les temps étaient proches et que dix années ne s'écouleraient pas avant que le peuple eût reconquis ses droits et repris possession du patrimoine national injustement détenu par la société capitaliste.

Les choses n'ont pas marché aussi vite que l'espéraient nos chers prophètes, et ils sont morts dans la bataille sans avoir pu saluer la victoire qu'ils avaient préparée.

C'est seulement aux élections générales, en août dernier, que nous avons réussi à enlever d'assaut le Parlement : 453 députés socialistes !

En possession de cette majorité toute-puissante, le Parti Ouvrier s'est occupé, sans tarder, de porter la cognée dans la forêt d'abus, de privilèges, d'iniquités qui avait recouvert le pays tout entier.

Tâche longue et rude ! Il a fallu d'abord se débarrasser de la Présidence de la République et du Sénat. On y a procédé par voie de revision constitutionnelle. Encore l'opération salutaire ne s'est-elle pas effectuée sans efforts et sans peines ; et c'est seulement à la fin de janvier que le terrain s'est trouvé déblayé.

Notre gouvernement a pu entamer alors le travail bien plus compliqué et difficile de la refonte générale des lois, qui doit nécessairement précéder la réorganisation sociale.

Ce labeur extraordinaire n'est pas encore terminé au moment où je commence ce journal. Je n'ai pas cru, néanmoins, devoir en attendre l'achèvement avant de mettre la main à ce que je considère comme un monument de famille, destiné à perpétuer pour ma postérité le souvenir d'événements sans pareils dans l'histoire de l'humanité et auxquels j'ai l'honneur d'avoir participé.

Car je me fais gloire d'avoir contribué, dans la mesure de mes moyens, à l'effondrement du régime pourri du capitalisme et au succès de la juste cause des travailleurs, des opprimés, des exploités. Pendant des années, j'ai pris part à cette lutte mémorable dont on parlera dans les siècles des siècles, j'y ai donné mon zèle et mes efforts, j'y ai sacrifié tout le temps que je pouvais distraire de mon métier, tout l'argent qu'il m'était possible d'économiser sans priver ma famille et que j'aurais pu employer à me divertir.

Mon respect pour la vérité m'oblige à reconnaître que je suis particulièrement redevable de la solidité de mes convictions et de mon développement intellectuel aux ouvrages, aux journaux, aux conférences et aux associations socialistes; mais j'ajouterai que j'ai fidèlement reversé ces bienfaits sur ma famille. Ma femme et mes enfants ont ouvert les yeux à la lumière : ils approuvent et partagent mes opinions.

Par un hasard véritablement heureux, cette première solennité de la Démocratie socialiste internationale

L'enthousiasme était immense.

coïncide avec le vingt-cinquième anniversaire de mon mariage. La fête est donc double pour nous.

Elle est même triple, car nous avons profité de notre réunion pour fixer les noces de mon fils François et d'Aline Prévost, qui se fréquentent et s'aiment depuis longtemps.

A la vérité, ils sont encore bien jeunes tous les deux; mais, comme disent les bonnes gens, c'est un défaut dont on se corrige toujours trop tôt. Ils sont courageux et habiles dans leur partie, lui typographe, elle modiste. J'ai lieu d'espérer qu'ils se trouveront heureux dans leur petit ménage, qu'ils seront à l'aise du côté de la bourse et que, par le fait de la nouvelle organisation du travail, l'avenir leur sourira.

Ces chers enfants se marieront aussitôt que la question de la répartition des logements aura été résolue par notre gouvernement, ce qui ne saurait tarder beaucoup.

Après le déjeuner, nous sommes allés nous promener aux Champs-Élysées, où l'on pouvait à peine avancer tant la foule était immense.

L'enthousiasme aussi était immense. A tout instant, il soufflait à travers cette masse humaine comme des rafales de délire joyeux : des acclamations s'élevaient, des farandoles s'organisaient spontanément, on s'embrassait les uns les autres sans se connaître, et aucun désordre, aucun abus ne se produisait cependant.

La police est dissoute; mais le peuple, conscient de sa dignité et de sa force, se charge de se contrôler lui-même, et il remplit ce devoir avec une ponctualité exemplaire.

Comme il y avait vraiment trop de monde de ce côté, nous sommes descendus par la rue de Rivoli vers l'Hôtel-de-Ville, où nous savions que le gouvernement devait être assemblé à ce moment-là. Mais c'était toujours la même chose, surtout sur la place, où un mur humain, compacte, impénétrable, environnait le monument.

C'est une délégation de la majorité parlementaire qui constitue le gouvernement provisoire, et, comme la plupart de ses membres sont en même temps députés de Paris, elle a décidé de siéger à l'Hôtel-de-Ville de préférence à l'Élysée et au Luxembourg.

De temps en temps, le grondement incessant de la multitude se condensait en une clameur formidable;

alors on voyait apparaître à un balcon un membre du gouvernement, qui saluait en prononçant une courte harangue, que l'on devinait à ses gestes, sans pouvoir en rien entendre.

Et les cris d'allégresse s'enflaient en un *crescendo* qui se répercutait dans les rues et sur les quais. L'élan était si fraternel, si irrésistible qu'il entraînait tout le monde ; et ma femme et moi, nous nous regardions, pleins d'émotion, les yeux humides, et nous joignions notre voix à celle de nos frères.

Nous sommes sortis de nouveau, le soir, après le dîner, pour voir les illuminations. Elles étaient merveilleuses.

Mon beau-père nous attendait avec un punch tout préparé.

Au Pont-Neuf, nous n'avons pu nous retenir de rire en apercevant, à la lueur des feux de Bengale, la statue de Henri IV toute fleurie de petits drapeaux rouges. On en avait planté dans tous les creux du bronze, et c'était d'un effet très comique.

Rien ne pouvait mieux démontrer, d'ailleurs, l'anachronisme de ce monument déplacé au milieu de notre société nouvelle et la haute raison de ceux qui ont décidé de le supprimer.

La même mesure va être appliquée à toutes les statues rappelant directement ou indirectement les époques de servitude : rois, généraux, écrivains ou artistes. Ces effigies malséantes seront remplacées par celles de nos grands penseurs et de nos martyrs, sans distinction d'origine : Fourier, Proudhon, Pierre Leroux, Cabet, Blanqui, Kropotkine, Karl Marx, Allemane, Malon, Bebel, Liebknecht, Guesde, Lafargue, Jaurès et beaucoup d'autres.

En devisant paisiblement de ces choses, nous avons regagné notre maison par la rue Honoré et la place Vendôme, afin de voir l'effet que produisait, aux feux des illuminations, ce qui reste de la colonne, qu'on est en train de redéboulonner.

Mon beau-père, qui habite avec nous et qui, ankylosé dans ses vieilles idées, n'a jamais voulu se convertir au socialisme, nous attendait avec un punch tout préparé. Il semblait avoir oublié son systématique mécontentement et se montrait plein de joie et de cordialité.

Nous espérons pouvoir quitter prochainement notre appartement du cinquième étage. Il y a bien longtemps que nous l'habitons, ce logement ; il a été témoin de nos divers événements de famille, de notre bonheur intime, de nos joies, de nos chagrins, de nos jours heureux ou difficiles, et nous y sommes attachés par mille et un souvenirs.

Mais il faut reconnaître qu'il pourrait être moins restreint, plus confortable ; et puis, c'est si haut, le cinquième !

II

NOTRE GOUVERNEMENT

Il me semble que c'est un devoir de convenance, d'équité et de reconnaissance de consacrer quelques-unes des premières pages de ce mémorial aux hommes vraiment supérieurs, aux citoyens intègres et dévoués qui ont consenti à assumer l'écrasant fardeau du pouvoir dans cette période de transition, où tout est à détruire et à refaire.

Parmi eux se trouvent, je le dis avec un juste orgueil, de simples travailleurs comme moi, avec lesquels j'ai entretenu précédemment des relations familières. Je n'éprouve à leur endroit aucun sentiment de jalousie; au contraire, je suis fier d'avoir été leur égal aux temps où l'inégalité était sottement considérée comme une loi de nature, et c'est avec joie que je donne aujourd'hui l'exemple de l'obéissance volontaire à leur égard.

Notre petite Marie.

— Eh bien! père, m'a dit mon fils aîné, le jour où le *Journal officiel* a fait connaître la composition du gouvernement; voilà ton ami Jambard délégué à l'Intérieur. Tu seras préfet quand tu voudras, maintenant.

— Fi donc, François! me suis-je hâté de lui répondre. Tu parles inconsidérément. Serait-il digne de nous, socialistes, d'agir comme les opportunistes d'autrefois et de courir à la curée des places? Nous devons rester de simples membres de la collectivité, des citoyens utiles et désintéressés. Ce n'est pas moi qu'on verra assiéger les antichambres ministérielles, et Jambard ne me trouvera jamais sur son chemin.

Mon fils a reconnu son tort. C'est un très brave garçon; sa jeunesse lui monte un peu à la tête parfois, mais comme il est plein de bon sens et de franchise, il ne persiste point dans ses erreurs. Il n'en est pas tout à fait de même de Jacques, mon cadet, qui se montre volontiers obstiné; cela ne m'inquiète pas beaucoup, car il n'est pas encore dans l'âge du raisonnement et de la clairvoyance. Quant à notre petite Marie, c'est une fillette guère plus haute qu'un double-litre, dont la poupée captive toutes les préoccupations.

Je me suis un peu égaré à parler de mes enfants. On pardonnera cette faiblesse à un homme aimant son foyer, qui n'a cherché et connu, pendant toute sa vie, que les joies saines de la famille. Assez sur ce sujet. Je vais parler maintenant du gouvernement de la Démocratie sociale.

J'ai dit que la Présidence de la République avait été abolie, en même temps que le Sénat. Le chef du gouvernement s'appelle désormais Premier-Délégué ; il est élu directement par la Convention nationale, qui a remplacé la Chambre des Députés, et il est révocable à toute époque.

Le Conseil qu'il préside se compose de onze Délégués, qui représentent les ministres du temps jadis. Cette dénomination de *Délégué* est un pieux hommage rendu à la Commune de Paris de 1871, aux anciens martyrs de l'idée, à ceux qui ont tenté les premiers de fonder un gouvernement sur nos sublimes principes.

Les titres et le ressort des départements ministériels ont été quelque peu modifiés. Les attributions sont maintenant réparties comme suit entre les onze Délégués :

Affaires intérieures, Affaires extérieures, Finances, Justice, Enseignement national, Production et Consommation, Police et Hygiène, Marine, Colonies, Communications, Travaux publics.

Ce qui est véritablement admirable et digne de la vénération des siècles futurs, c'est que ces hommes investis chacun d'une partie de la puissance nationale, ces grands pasteurs du peuple, au lieu de tirer profit de leur haute situation et d'émarger au budget des sommes fabuleuses, comme le faisaient leurs devanciers, se contentent de toucher le salaire commun, égal à celui du plus modeste des ouvriers.

Voilà les fruits savoureux et bienfaisants que produit, dès qu'il est planté dans une terre fertile, l'arbre de la liberté et de l'égalité sociales.

Puissent l'amour et le respect de nos descendants continuer à le cultiver avec sollicitude jusque dans l'infini des temps!

III

PREMIÈRES RÉFORMES

Maintenant, tout va aller vite et bien : le fonctionnement doux et régulier de la grande machine nationale, combinée exactement d'après les imprescriptibles principes de la justice et de la raison, étonnera l'humanité et la consolera de ses misères passées.

Mais, j'ai regret de devoir le constater ici, la majorité des bourgeois se refuse à reconnaître les bienfaits de la nouvelle organisation sociale. Chaque jour des milliers d'émigrants passent la frontière, fuyant en Allemagne, en Suisse, en Espagne, et d'autres milliers s'embarquent dans les ports sur des navires étrangers pour gagner l'Angleterre ou l'Amérique. La Belgique, la Hollande et l'Italie leur sont fermées, la Révolution sociale y ayant triomphé comme en France.

Cette déroute en masse donne lieu à des scènes bouffonnes, à des anecdotes amusantes, que le *Journal officiel*, qui est désormais la seule gazette française, comme je l'expliquerai en temps et lieu, raconte avec esprit et qui nous font beaucoup rire, le soir, apres le dîner.

— Bon débarras! remarquait judicieusement mon fils, c'est autant de conspirateurs de moins. Les affaires de la Démocratie sociale n'en iront que mieux, une fois partis tous les exploiteurs incorrigibles. Les titres de rentes, actions, obligations, billets de banque et autres grimoires qu'ils emportent avec eux pourront leur servir

Chaque jour des milliers d'émigrants passent la frontière.

là-bas à tapisser leurs nouvelles habitations. Ça les consolera, ces gens!

On en a arrêté un certain nombre qui emportaient de l'or, ce qui est sévèrement interdit; mais la plupart avaient pris leurs précautions d'avance et placé à l'étranger la plus grande partie de leur fortune; d'autres, encore plus ingénieux, s'étaient fait naturaliser américains pour se soustraire entièrement à la juridiction française.

Les alarmistes, ennemis perfides de notre gouvernement socialiste, répandent le bruit que par l'effet de ces manœuvres la richesse nationale s'est amoindrie de plusieurs milliards. Ce sont de pures calembredaines qui font hausser les épaules aux citoyens sensés.

Et même, quand ce serait vrai, qu'est-ce que cela peut nous faire? A quoi serviraient les richesses, puisqu'il n'y a plus de riches? La richesse maintenant naît quotidiennement du travail de chacun, elle circule sans cesse au profit de tous, au lieu de s'accumuler dans les mains de quelques privilégiés.

Mais trêve aux réflexions. Je dois consigner ici ce qui a été fait pour le bonheur commun depuis le jour mémorable de la fête du Triomphe.

Le programme du parti socialiste-collectiviste ayant été proclamé droit fondamental du peuple, il s'agissait de mettre les lois d'accord avec ce programme. Ce labeur est actuellement à peu près accompli. En conséquence, tous les moyens de travail du sol et du sous-sol, usines, ateliers, machines, outils, instruments, matériel de transport, chemins de fer, mines, carrières, exploitations quelconques industrielles ou agricoles, théâtres, bains, etc., ont été décrétés propriété de l'État ou, pour mieux dire, de la Collectivité.

Une autre loi a également ordonné le retour à l'État de toutes les propriétés foncières, immobilières et mobilières, de mainvive ou de mainmorte.

La saisie en a été opérée régulièrement. Mais la mesure était si compliquée, qu'elle n'a pu être réalisée d'emblée avec toute la précision désirable.

Aussi, pour en faciliter l'achèvement, chacun a-t-il été tenu de dresser un inventaire de ce qui lui est resté, après le passage de la commission de recensement, en vêtements, bijoux, linge de corps, de lit et de ménage, meubles, ustensiles domestiques, argent et créances.

Quant à la monnaie d'or, ceux qui en possédaient ont

dû la porter directement aux caisses publiques, où des récépissés spéciaux leur ont été remis en échange.

La loi du travail a institué l'obligation universelle du travail personnel, avec égalité de droits pour tous, sans distinction de sexe, de vingt ans à soixante.

La jeunesse, jusqu'à vingt ans, et la vieillesse, à partir de la soixantième année, sont à la charge de l'État; la famille, au sens bourgeois du mot, est abolie; la nation dans son ensemble constitue la seule et la vraie famille.

De même, la production privée a cessé. En attendant les règlements organiques qui doivent résoudre pratiquement les questions de détail relatives à la loi du travail, chacun est invité à continuer sa profession antérieure pour le compte de l'État.

Ce système logique est si différent des anciennes habitudes, que certaines personnes, même sincèrement socialistes, en ont éprouvé du mécontentement. On leur a expliqué que, par compensation, elles n'auraient plus à payer aucune contribution, le fisc étant totalement supprimé : c'est le produit quotidien de la production sociale qui remplace l'impôt et fournit à l'État les ressources nécessaires à l'entretien général.

C'est aussi l'État qui entretient à ses frais les médecins, vétérinaires, hommes de loi, lesquels, devenus fonctionnaires, doivent se tenir gratuitement à la disposition du public.

Enfin, autre bienfait inappréciable, l'armée est licenciée, conformément à la résolution du Congrès de Marseille de 1879, confirmée par ceux du Havre, de Reims, de Roanne et de Roubaix : le sauvage « impôt du sang », dernier vestige des temps barbares, n'existe plus.

En ce qui concerne la question de la presse, le Conseil des Délégués a beaucoup hésité et longuement délibéré. Quelques-uns de ses membres opinaient pour une solution transactionnelle, en vertu de laquelle l'interdiction de publicité n'aurait visé que les journaux bourgeois, en maintenant au contraire aux organes socialistes, notamment à la *Petite République française*, la liberté de continuer à paraître sous réserve du contrôle administratif. Mais la majorité s'est prononcée avec raison contre ce système entaché d'un condamnable favoritisme. La logique, comme l'équité, exigeait que l'exploitation de la presse fît retour à l'État, comme toutes les autres industries, et c'est dans ce sens orthodoxe que l'affaire a été résolue. La Démocratie sociale n'a nul besoin d'interprètes plus ou moins officieux ; elle parle par elle-même et s'adresse directement au peuple, de vive voix, pour ainsi dire ; et sa voix s'appelle le *Journal officiel*.

Le corps du journal est identique pour toute la France ; mais par sollicitude pour les différents foyers de la vie provinciale et afin que les citoyens ne soient pas privés des nouvelles locales qui les intéressent, un supplément quotidien, rédigé et imprimé dans chaque département, est annexé à chaque numéro.

Voilà les premiers résultats des méditations et de l'activité de notre gouvernement socialiste. Je crois n'avoir rien oublié, et je crois aussi qu'à aucune époque l'Humanité n'a vu de si grandes choses et en pareil nombre. Nous en sommes surtout redevables au caractère résolu du citoyen Premier-Délégué, qui est vraiment l'âme et la tête de l'État et qui s'est formellement engagé à ne reculer devant aucune des mesures jugées utiles pour rendre impossible le rétablissement du régime capitaliste.

Heureuse notre génération, qui assiste à cette métamorphose et prépare la félicité des siècles à venir !

IV

PROTESTATION DU BAS DE LAINE

Aline est désolée et François fort irrité. Pour dire le vrai, il y a eu, pour la même raison, une grosse émotion dans une grande partie du public, ainsi que je crois devoir le consigner ici.

Depuis son enfance et surtout depuis qu'elle est liée avec mon fils, Aline travaille à s'amasser une dot. Sou à sou, quand elle était gamine, elle déposait ses petits profits à la Caisse d'épargne scolaire; et, depuis qu'elle est bonne ouvrière, elle a recherché, au lieu de s'y soustraire, toutes les occasions de faire des heures supplémentaires pour grossir son pécule. C'est une brave enfant, qui peinait avec joie et confiance, en vue de ce qui devait être le but de ses efforts et le bonheur de sa vie. Ce que ses compagnes dépensaient en fanfreluches, en colifichets, en divertissements, elle l'économisait avec soin pour son cher ménage futur, et le jour où nous avons décidé et fixé le mariage, son livret de Caisse d'épargne accusait le gentil total de 2.567 francs.

François racontait cela avec fierté, pendant le repas des fiançailles, tandis que la petite, les yeux mouillés, souriait en rougissant. Puis, ces deux chers enfants se mirent à délibérer raisonnablement sur le premier emploi qu'ils feraient de leur fortune. Et nous autres, les vieux, nous les écoutions avec attendrissement.

Jugez du saisissement des deux promis, quand de mauvais bruits se répandirent dans le public et leur vinrent aux oreilles. Aline courut aussitôt à la Caisse d'épargne, décidée à en retirer immédiatement son trésor.

Un rassemblement nombreux et agité encombrait la rue, devant le bureau. Il se composait principalement de femmes, de vieillards, de petits employés, d'anciens domestiques, qui se racontaient les uns aux autres,

La foule poussait des cris de colère devant la Caisse d'épargne.

avec de grandes lamentations ou des cris de colère, qu'ils étaient venus, eux aussi, pour retirer leur argent, et que les commis leur avaient répondu que la nouvelle loi déclarait nuls et sans valeur les livrets de Caisses d'épargne, comme tous les autres titres et obligations.

En entendant cela, Aline s'évanouit presque de frayeur, à ce qu'elle nous rapporta; tout affolée, elle se précipita vers le guichet, où le caissier lui confirma l'incroyable nouvelle. Alors, elle accourut chez nous, pleine de douleur et d'indignation, et se laissa tomber sur une chaise, en pleurant à chaudes larmes.

— Est-ce possible, père, est-ce possible? s'écriait-elle au milieu de ses sanglots.

François rentra pour déjeuner, sur ces entrefaites, et s'efforçant de calmer la jeune fille, nous apprit que des députations de créanciers de la Caisse d'épargne, se dirigeaient en grand nombre vers l'Hôtel-de-Ville, pour protester auprès du gouvernement. Je résolus d'y aller aussi avec mon fils.

Nous trouvâmes la place déjà envahie, et de tous côtés, surtout du faubourg Antoine, de nouvelles masses affluaient sans relâche. Comme toujours, au milieu de la cohue moutonnière, des gens de caractère violent péroraient, menaçaient, s'efforçaient d'entraîner les autres, au lieu de préparer raisonnablement une démarche utile.

Mais les énergumènes en furent pour leurs frais : ils ne purent pénétrer dans l'Hôtel-de-Ville. Les portes avaient été closes, et à travers les grilles on voyait reluire les fusils dont les huissiers s'étaient armés à la hâte.

Néanmoins, les choses auraient peut-être mal tourné — quelles grilles sont assez solides pour résister à une poussée populaire à Paris, et que peuvent quelques balles contre des masses profondes ! — si le Premier-Délégué n'était apparu au balcon et du geste n'eût réclamé le silence.

— Citoyens ! cria-t-il d'une voix qui retentit au loin, le gouvernement est instruit de la cause de votre émotion et vient de s'en occuper à l'instant même. Il a renvoyé la question des Caisses d'épargne, qui s'impose particulièrement à la sollicitude des pouvoirs publics, à l'étude de la commission des Finances. Retirez-vous donc avec le calme et la dignité qui conviennent à des citoyens, membres d'une Démocratie sociale, et reposez-vous avec confiance sur la justice et la sagesse de vos élus !

De bruyantes et longues acclamations saluèrent la déclaration du Premier-Délégué, et la foule, arrivée avec

Des détachements de pompiers débouchèrent à grand fracas.

des intentions hostiles, commença à s'écouler calme et paisible.

Mais peu s'en fallut qu'à ce moment il n'advînt de déplorables accidents : simultanément, du côté de la rue de Rivoli et du côté des quais, des détachements de pompiers débouchèrent à grand fracas et au grand galop, au milieu de la multitude qui se retirait. C'est miracle qu'il n'y ait pas eu des écrasés par centaines.

Il paraît que la panique avait sévi à l'Hôtel-de-Ville, quand on avait vu l'importance et l'allure de la manifestation, et que, à défaut de police, on avait appelé les pompiers par téléphone, sous prétexte d'incendie. Le vieux procédé du maréchal Lobau! Le public a compris la chose tout de suite, et il a fait aux honnêtes pompiers une ovation, moitié sympathique, moitié charivarique.

Ainsi se termina cette alerte. La commission des Finances combinera une solution qui donnera satisfaction à tout le monde, et l'on n'en parlera plus.

V

RÉORGANISATION SOCIALE

On vient d'afficher partout de grands placards rouges — le rouge est maintenant la couleur officielle — devant lesquels la foule se rassemble aussitôt avec une précipitation extraordinaire. Jamais, au temps de la servitude, aucune affiche de concours ou de fête publique n'a eu une vogue pareille.

J'ai eu l'heureuse chance de me trouver derrière un afficheur en train de couvrir de son glorieux papier une colonne-réclame du boulevard des Batignolles, autrement, moi qui ne suis pas robuste, il m'aurait été tout à fait impossible de m'approcher et de lire, tant l'agitation et la bousculade se font violentes, dès qu'une de ces communications est collée quelque part.

Je transcris soigneusement ici le libellé de ce placard à sensation, tel que j'ai réussi à le noter :

RÉPUBLIQUE FRANÇAISE

DÉMOCRATIQUE ET SOCIALE

Conformément aux art. 2, 3, 4, 7, 9, 14, 18 et 35 de la loi organique en date du 27 novembre 19.., tous les membres généralement quelconques de la collectivité française, hommes ou femmes, âgés de plus de vingt ans et de moins de soixante ans, sont avertis d'avoir à faire choix d'une profession, dans les trois jours qui suivront l'apposition du présent avis.

Les déclarations d'option seront reçues : à Paris, aux mairies d'arrondissement et aux ex-bureaux de police ; en province, aux mairies communales, aux préfectures et sous-préfectures, et également aux anciens bureaux de police, et il en sera donné récépissé aux déclarants.

Ceux-ci devront produire des certificats ou pièces quelconques attestant leur aptitude à exécuter le genre de travail qu'ils sollicitent, et sont tenus d'indiquer dans leur déclaration la profession exercée antérieurement par eux.

Aucune option pour la carrière ecclésiastique ne sera admise, l'application du revenu public [illegible]vice des cultes étant interdite par le pacte fondam[illegible]outefois, tout citoyen dispose du droit de faire acte s[illegible]l, durant ses loisirs, après avoir accompli ses heures r[illegible]lementaires de travail dans une profession reconnue par l'État.

La durée du travail quotidien est fixée provisoirement, jusqu'à nouvel ordre, à huit heures ainsi réparties : de neuf à onze heures du matin et de midi à six heures du soir. Ces dispositions générales seront modifiées par des règlements particuliers pour les professions qui comporteraient une autre distribution du temps.

Les femmes et les filles sont prévenues qu'à partir du jour de leur entrée dans les ateliers nationaux, qui sera ultérieurement fixé, elles seront libérées des soins de leur ménage en ce qui concerne l'élevage des enfants, le soin des vieillards et des malades, la préparation des repas, le blanchissage du linge et la confection des vêtements.

Les repas réglementaires, le premier à onze heures du matin, le second à six heures du soir, seront préparés par les cuisines des cantines publiques et devront être consommés sur place, sauf dispense régulièrement libellée.

Les enfants seront confiés aux asiles et établissements d'éducation nationaux, qui ont charge de pourvoir à leur élevage physique et intellectuel.

Les vieillards et les infirmes recevront l'hospitalité dans les hospices nationaux, et les malades devront être transportés dans les hôpitaux.

Les vestiaires publics sont chargés de fournir des vêtements confectionnés, à prix tarifés, payables au comptant en bons nationaux. Le linge de corps et de lit devra être déposé aux lavoirs communaux ou de quartier, selon les localités, qui en effectueront gratuitement le blanchissage.

Pour la Délégation et par ordre :

Le Secrétaire du Conseil,

CARTINEAU.

Cette proclamation a produit un effet très curieux. En moins d'une heure elle a été connue de tout Paris, et, comme il faisait beau, les maisons se sont presque vidées dans les rues. Les habitants de chacune d'elles se groupaient, discutant leurs projets, puis se réunissaient au groupe voisin, et ainsi de suite, continuant leurs conversations, les gens se destinant à la même profession se séparant peu à peu des autres et formant des troupes de plus en plus nombreuses. Finalement celles-ci constituèrent des cortèges, qui descendirent vers les boulevards en chantant et précédés de vieux ouvriers de même état portant les insignes de la corporation. Tous ces cortèges sont allés défiler, avec des hourras, devant l'Hôtel-de-Ville.

Dans la soirée, sur le boulevard de la Chapelle, j'ai vu nombre de rassemblements de femmes et de jeunes filles qui semblaient très excitées. En général, elles manifestaient leur allégresse d'être affranchies des soucis domestiques.

On m'a assuré que beaucoup de personnes se proposent de profiter de la réorganisation du travail pour renoncer à leur ancien métier et prendre une profession nouvelle. Ces gens-là se figurent probablement qu'ils ont la science infuse et qu'il va leur suffire d'exprimer une préférence pour qu'on s'empresse de déférer à leur caprice. En vérité, ils connaissent mal l'esprit de précision et de méthode des grands citoyens qui composent notre gouvernement, et ils se préparent certainement une déception.

Garde de la milice.

Moi, mon fils François et sa promise Aline, nous resterons fidèles à notre métier actuel, auquel nous sommes attachés, et nous venons d'en faire la déclaration. Ma femme a demandé à être employée dans un asile d'enfants : elle veut ainsi être à même de continuer ses soins maternels à notre petite Marie, qui n'a que cinq ans et qui est délicate. Cette chère fillette se trouvera bien de son transfert dans un établissement vaste et aéré, où sa mère occupera un emploi.

J'ai été bien étonné, tout à l'heure, de revoir des soldats, en passant devant la caserne du Château-d'Eau. Depuis bientôt un an, il n'en existait plus en France. Mais ceux-ci ne ressemblent pas aux anciens à pantalons garance et à képis : pour uniforme ils portent une jaquette brune et un chapeau mou à plume rouge.

Je me suis informé et j'ai appris qu'à la suite de l'algarade des Caisses d'épargne, le gouvernement a jugé prudent, pour parer aux conséquences d'une conspiration et d'un coup de main imprévu, de rétablir une milice permanente, forte de cinq mille hommes. J'estime que c'est là une précaution judicieuse.

Ce nouveau corps de troupes s'appelle la *Garde sociale*.

VI

LA QUESTION DES CAISSES D'ÉPARGNE DEVANT LA CONVENTION

C'est à la séance d'aujourd'hui que la grosse question des livrets de Caisse d'épargne devait être discutée à la Convention ; aussi François et moi nous hâtâmes-nous d'expédier notre déjeuner pour profiter de la carte de tribune que m'avait obtenue un de mes anciens amis devenu député. Mais, dès l'entrée de la rue Nationale, nous nous aperçûmes que nous ne nous étions pas encore assez pressés : une foule épaisse coulait de toutes parts vers la place et le pont de la Concorde, que, de loin, en se haussant sur les pointes des bottines, on voyait déjà noirs de monde.

— Par ici, dis-je à mon fils, nous n'arriverons seulement pas jusqu'à l'obélisque.

Et nous décidâmes aussitôt d'obliquer à gauche pour gagner, par la rue Honoré, l'ex-pont Royal, qui maintenant s'appelle, comme de juste, le pont Social. De là nous comptions, par la rue de Lille, aborder le palais du Peuple à revers et tenter d'y pénétrer par quelque issue de service.

Notre plan réussit, mais au prix de beaucoup d'efforts, de temps et de patience. Aux approches du palais, nous eûmes grand'peine à nous dégager des mains de la milice, qui refoulait la cohue et barrait les rues.

La séance était commencée quand nous parvînmes à nous faufiler dans notre tribune déjà pleine. Du premier coup d'œil jeté dans la salle, j'eus la satisfaction de constater qu'elle ne contenait que des amis, champions éprouvés de notre parti, que je connaissais presque tous de vue et dont quelques-uns avaient été mes compagnons. La réorganisation sociale était une œuvre si complexe et si longue qu'on n'avait pas encore pu songer aux élections complémentaires pour remplacer les députés du parti bourgeois, qui avaient tous été invalidés.

— Je crois, murmurai-je à l'oreille de François, que nous pouvons être tranquilles, tous nos frères sont là...

Et je me tus aussitôt pour ne rien perdre de la lecture du rapporteur de la Commission des Finances, dont la voix résonnait, claire, au milieu d'un silence absolu :

— « ...Le total des fonds disponibles actuellement dans les Caisses d'épargne nationales n'excède pas trente millions, et la somme des dépôts dépasse le chiffre de 8 milliards, entraînant un intérêt annuel d'environ 250 millions. Sur le chiffre global des dépôts, 7 milliards 770 millions ont été transformés en rente sur l'État. Or, la loi nouvelle, conforme aux décisions de tous les congrès socialistes, a supprimé la dette d'Etat et prononcé l'annulation de tous les titres. Il n'existe donc aucun moyen de rembourser les dépôts faits à la Caisse d'épargne. Le seul expédient possible serait d'en désintéresser les créanciers par l'octroi de bons qui leur donneraient le droit de se rembourser en nature dans les magasins nationaux. La commission indique le procédé pour le soumettre à la discussion de l'Assemblée et non comme une solution proposée par elle. »

Des murmures s'élevèrent dans les galeries bondées

d'auditeurs, pendant que le rapporteur descendait de la tribune, où il fut aussitôt remplacé par un membre de la droite socialiste.

— « Si nous devions, commença celui-ci, lever la séance aussitôt après la lecture d'un pareil document, le *Journal officiel* porterait demain la consternation dans la France entière. Des millions de braves ouvriers et de bons démocrates socialistes (*Agitation sur les bancs de la gauche.*) éprouveront une amère déception et se sentiront la rage au cœur en se voyant frustrés des fruits d'un rude labeur confiés par eux à la probité de l'État, précisément quand ils viennent de renverser le régime capitaliste pour bénéficier seuls du rendement de leur travail. Et qu'est-ce que l'épargne, citoyens, sinon du travail accumulé? Au lieu de dilapider le produit de leur peine en jouissances, en plaisirs, en excès aussi, les déposants ont eu la sagesse d'écouter les conseils de la prévoyance et ont pratiqué l'économie. En portant aux caisses d'épargne les résultats de leurs privations, ils voulaient s'assurer une ressource pour le cas de malheurs imprévus, pour l'adoucissement des maux résultant de la vieillesse. Assimiler ces travailleurs honnêtes et prudents aux prodigues, aux écervelés et aux ivrognes, les condamner à une condition pire que ceux-ci, puisqu'ils n'ont pas profité de leur salaire intégral, serait une monstrueuse iniquité, appréciée comme telle par la masse du public français. »

Ce discours, dont je ne puis traduire que la substance, produisit un effet énorme. L'orateur reçut les félicitations de ses collègues de la droite, et dans les tribunes publiques, des acclamations tumultueuses éclatèrent.

Le président leva les yeux vers les hauteurs où nous nous trouvions, agita sa sonnette et dit d'un ton ferme :

— Je rappelle au public des tribunes que toute manifestation lui est interdite. Si ce tumulte se renouvelle, je me verrai dans l'obligation de faire évacuer.

Des voix ardentes répliquèrent aussitôt :

— Nous sommes le peuple et le peuple est le maître !

— Le peuple a le droit de désigner qui lui plaît pour parler ici en son nom, il n'a pas celui de se mêler directement aux discussions de l'Assemblée.

L'énergie du président reçut une approbation générale et les interrupteurs, qui voulaient continuer leur manège, furent expulsés du palais.

Après ce vif incident, un orateur de la gauche monta à la tribune.

Jamais un vrai socialiste n'a songé à l'épargne.

— « Je proteste, dit-il, en frappant un grand coup de poing sur le pupitre, je proteste avec la plus grande partie de mes collègues contre les paroles réactionnaires que l'on vient de faire entendre. Jamais, jamais un vrai socialiste n'a songé à l'épargne. (*Réclamations à droite.*) L'épargne n'est pas autre chose que la négation matérielle du principe d'égalité, et ceux qui, obéissant aux suggestions bourgeoises, ont pratiqué l'épargne, ne doivent compter sur aucun égard dans une démocratie socialiste. (*Violentes protestations à droite.*) Il ne faut pas qu'on puisse dire que la démocratie socialiste châtie les grands voleurs et favorise les petits. Les capitaux déposés dans les caisses d'épargne, on vous l'a dit tout à l'heure, ont subventionné l'odieux régime bourgeois;

des gouvernements capitalistes les ont utilisés pour leurs besoins ; ils ont, par conséquent, servi à prolonger l'exploitation du peuple. (*Vive approbation à gauche.*) Un bourgeois seul peut chercher à fomenter une opposition contre la confiscation des capitaux de la Caisse d'épargne. »

L'orateur a été rappelé à l'ordre, à cause de l'injure grave que renferme la qualification de *bourgeois* appliquée à un membre du parlement socialiste.

Le citoyen Premier-Délégué.

Autour de nous, l'agitation avait recommencé, mais elle s'apaisa presque aussitôt à la vue du Premier-Délégué, qui quittait le banc du gouvernement pour se diriger vers la tribune. Avec un grand calme et une dignité véritablement imposante, il élucida la question et ramena la discussion sur le terrain pratique :

— « Je ne puis contester la justesse d'aucune des deux théories qui ont été développées à cette tribune. L'une et l'autre contiennent une dose de vérité qu'on ne saurait nier sans injustice. Il est bien certain que les dépôts effectués aux caisses d'épargne ont une origine morale ; il est non moins certain que, dans les mains du régime capitaliste, ces dépôts ont eu des conséquences immorales. Mais nous n'avons point à extraire ici la philosophie des choses accomplies ; nous ne devons pas nous laisser détourner par des considérations rétrospectives du grand œuvre dont nous avons accepté la charge. (*Approbation una-*

nime.) La question particulière qui vous est soumise, vous avez à la résoudre froidement comme un problème mathématique, sans sentimentalité, en socialistes pratiques.

« Vous ne devez pas vous dissimuler que restituer huit milliards à dix ou douze millions de citoyens, c'est aller exactement à l'encontre du but que vous poursuivez, que vous êtes parvenus à toucher au prix d'incalculables efforts et d'une lutte séculaire; c'est vouloir fonder la nouvelle égalité sociale sur une inégalité. (*Sensation.*) Cette inégalité, songez-y, aura une répercussion inévitable et immédiate dans toutes nos institutions et dérangera l'équilibre de notre organisation de la production et de la consommation. Et demain, avec un droit égal à celui qu'invoquent les créanciers de la Caisse d'épargne, ceux qui n'ont pas placé leurs économies dans cette caisse, mais qui les ont transformées en outils, en instruments professionnels, en moyens de travail, en biens-fonds, en actions, en hypothèques, seront fondés à venir vous réclamer leurs capitaux. (A gauche : *Oui, c'est bien cela! Très juste!*) Au nom de quel principe, je vous le demande, refuserez-vous aux uns ce que vous aurez accordé aux autres? Et dès lors, quelle barrière opposerez-vous aux entreprises de la réaction contre l'organisation socialiste actuelle?

« Ce que les gens prévoyants ont cherché à s'assurer par leurs privations et leur économie, leur sera donné à eux, en même temps qu'à tous, par les institutions sublimes que nous sommes occupés à combiner pour le bien-être et la sécurité des travailleurs. Que pourrait-on exiger de plus? Mais si, dès le début de notre œuvre immense, vous créez une catégorie de privilégiés; si vous retranchez plusieurs milliards du capital social qui doit être exclusivement employé pour le bien de la collectivité, mes collègues du gouvernement et moi nous nous trouverons dans la nécessité de décliner la responsabilité de l'établissement méthodique de la Démocratie sociale. »

Ayant ainsi parlé, le Premier-Délégué quitta la tribune au milieu d'une agitation extrême et contradictoire. Toute la gauche s'était dressée debout pour l'applaudir, tandis que la droite, qui ne pouvait nier la justesse de son argumentation, mais qui néanmoins était opposée à ses conclusions, demeurait immobile et froide. Dans les tribunes publiques, au contraire, l'improbation se traduisait par un tumulte violent que dominaient des imprécations, des apostrophes outrageantes. Certains mécontents s'oublièrent même jusqu'à siffler.

Cependant, la question était loin d'être épuisée et un grand nombre d'orateurs étaient encore inscrits; mais le président fit observer que, en tenant compte de la séance de la commission des Finances et de celle que chaque bureau avait tenue pour prendre connaissance des documents avant la séance publique, la durée maxima de la journée de travail, qui est de huit heures, était dépassée et qu'en conséquence la suite de la discussion était renvoyée au lendemain. Alors, la gauche se mit à crier : « Aux voix! Aux voix! » et l'un de ses membres demanda la clôture, qui fut votée. Au milieu d'un grand désarroi, différents ordres du jour furent déposés.

— L'ordre du jour pur et simple! cria la gauche en masse.

L'ordre du jour pur et simple, qui tranchait négativement la question du remboursement des dépôts à la Caisse d'épargne, passa avec une forte majorité, une fraction de la droite s'étant seule prononcée contre.

Un tonnerre de malédictions éclata dans les tribunes, dont les hôtes gagnèrent les issues du palais en vociférant. Sur les quais, dans la rue, sur la place de la

Concorde, les mécontents continuèrent à exhaler leur colère, haranguant, entraînant la foule presque entièrement composée de personnes qui, également lésées dans leurs intérêts, partageaient leur rancune. Il y eut, autour du palais, des scènes très violentes.

— A l'eau! A la Seine! clamait-on, quand apparaissait à la grille quelqu'un des députés de la gauche.

Aline en proie à un accès de fureur nerveuse.

Deux d'entre eux, parmi lesquels l'orateur qui s'était montré si véhément, furent saisis, bousculés, frappés et auraient été certainement écharpés, si la garde sociale n'était accourue à propos pour les dégager.

En même temps, la troupe poussa des charges vigoureuses contre la foule, pour nettoyer les abords du palais. Une mêlée s'ensuivit, dans laquelle les soldats firent un usage impitoyable de l'arme autrefois réservée à la police : le casse-tête. Le nombre des blessés est, dit-on, assez considérable et celui des prisonniers, et surtout des prisonnières, plus grand encore.

A la maison aussi il y eut de tristes scènes. En rentrant, je trouvai Aline en proie à un véritable accès de fureur nerveuse. En vain ma femme s'efforçait de la consoler par la perspective de la dot que l'État réserve plus tard à tous les jeunes ménages : elle ne voulait pas se laisser apaiser.

— Je ne veux pas d'aumône! criait-elle éperdument. Je veux qu'on me rende ce qui est à moi, le produit de mon travail!... C'est une infamie!... Ce sont des brigands, des voleurs, les pires des canailles!

J'ai bien peur que ces événements n'ébranlent sérieusement les convictions de cette chère fille, et n'introduisent quelque dissonance dans notre accord politique, jusque-là si parfait.

Mon beau-père aussi possède un livret de Caisse d'épargne, et nous n'osons pas lui dire que ce livret n'a plus de valeur. Ce n'est pas que le brave homme soit avare; tout au contraire. Son idée, très touchante, était de reconnaître un jour l'hospitalité qu'il reçoit chez nous et les soins dont nous entourons sa vieillesse, en nous léguant sa petite fortune, dont il laisse depuis longtemps s'accumuler les intérêts, et de laquelle il se fait scrupule de détourner un sou. Comment le détromper? Il faudrait avoir le cœur dur comme une pierre pour ôter à ce vieil homme, inoffensif et doux, sa dernière illusion.

Moi, je me rends bien compte de l'impitoyable logique des choses, et je sais qu'on ne bâtit pas une maison sans casser des briques. Je me résigne aux nécessités cruelles et inévitables, en pensant que ceux qui les imposent souffrent eux-mêmes d'avoir à y obéir. Et néanmoins je sens combien il faut être inébranlable dans ses convictions socialistes pour supporter sans défaillance de semblables pertes.

VII

LOTISSEMENT DU TRAVAIL

Voilà le mariage renvoyé aux calendes grecques. Les enfants sont navrés

Aujourd'hui, les facteurs de la poste ont remis à chaque domicile, un imprimé sur papier rouge, dont les vides étaient remplis à la plume, comme les cartes d'électeur. Cet avis contenait au recto l'ordre de commencer, le 15 au matin, le travail social conformément aux dispositions de la loi de réorganisation, dont le texte figure tout au long au verso de l'imprimé.

François est bien classé comme typographe, ainsi qu'il l'a demandé; seulement, il est envoyé à Lille. Il paraît que le nombre des typographes est vingt fois trop considérable maintenant à Paris, par suite de la suppression des journaux. J'avais espéré, grâce à mes anciennes relations avec certains députés de la gauche, que mon fils serait casé dans les ateliers du *Journal officiel*; on me l'avait même promis. Mais tous les emplois y sont réservés à des hommes absolument sûrs, et depuis cette fatale affaire de la Caisse d'épargne, François est devenu un peu suspect. Il a pris trop à cœur la désolation de sa fiancée, et son caractère franc et décidé l'a entraîné à des propos imprudents qui ont été entendus par des mouchards.

— Je ne suis pas le seul ainsi traité, nous a-t-il dit avec colère. Gentoux, Deleure, Gobard, Surpillan, Cabaroux, sont aussi envoyés au diable. On a peur du parti des jeunes et on l'éparpille. Croiriez-vous que mon camarade Desreux, qui est tapissier d'art, est expédié à Quimper, sous prétexte que la basse Bretagne manque de praticiens de son métier et qu'il y en a trop à Paris? Eh bien! C'est comme ça! Et dire que ceux qui agissent ainsi sont les mêmes hommes qui ont tant tonné autrefois contre la loi bourgeoise proscrivant les anarchistes!

Notre voisine Mme Salambier.

Je m'efforçais de le raisonner et de le calmer, car il faut passer beaucoup de choses à un jeune homme ardent qui se voit tout à coup arraché à ses amours, lorsque des cris perçants retentirent sur notre palier. Nous nous hâtâmes d'ouvrir la porte croyant à quelque accident grave.

Notre voisine, Mme Salambier, était là, très bien portante, mais en proie à une rage vraiment effrayante, criant à toute la maisonnée, attirée vers l'escalier par ses clameurs furieuses, que le gouvernement était un ramassis de crapules qui ne dureraient pas une minute, si les hommes avaient seulement la moitié de son courage, à elle :

— Voyez-vous ces gueux, ces canailles, ces assassins, qui envoient mon homme comptable à Lyon, et moi à Rochefort, comme garde-malade! Pourquoi pas dans la lune? Nous, des braves gens, mariés depuis vingt-deux ans! C'est-il permis, cela?... Mais nous n'obéirons pas, je vous en fiche bien mon billet d'honnête femme! Ah! mais non, par exemple!

Ma femme devint toute pâle, en entendant ces choses.

— Comment peut-on séparer des époux, s'écria-t-elle d'une voix saccadée; c'est une pure infâmie!

L'honnête créature oubliait que, dans notre société nouvelle, le mariage n'est plus une association légale, mais une relation essentiellement temporaire et privée, ainsi que le grand Bebel l'a expliqué dans son livre sur la Femme. Les mariages, maintenant, peuvent être tour à tour conclus et dissous selon la volonté des seuls contractants, sans aucune intervention d'un fonctionnaire quelconque.

Le gouvernement n'est donc pas en position de savoir si les membres de la collectivité sont mariés ou non; il l'ignore et doit l'ignorer. Tout citoyen ou citoyenne est simplement inscrit sur le registre de l'état civil sous son prénom et sous le nom de famille de sa mère, ce qui est tout à fait logique.

Dans une organisation scientifique de la production et de la consommation, la cohabitation des époux dépend nécessairement du lieu où ils travaillent; le contraire serait impossible, car il est bien clair que l'organisation générale ne peut tenir compte de relations privées toujours révocables.

— Possible, répliqua ma femme; mais, sous l'ancien régime, on obtenait des changements ou des permutations, quand la demande en était appuyée sur les motifs personnels respectables.

— Oui, c'est vrai... Eh bien! je vais aller voir Lespagnol, qui est chef de bureau au ministère du Travail. Je lui parlerai de François..

Mais en arrivant au ministère, je m'aperçus tout de suite qu'il me serait impossible d'arriver ce jour-là jusqu'à mon ami fonctionnaire : toutes les antichambres, tous les corridors regorgeaient de solliciteurs, venus probablement dans le même but que moi-même.

Par chance, en m'en retournant, je croisai un autre camarade, jovial Gascon, avec lequel j'avais fait autrefois plus d'une campagne électorale.

— Eh donc ! c'est le papa Martin, s'écria-t-il, en me reconnaissant. Eh! mordioux, qu'est-ce que tu viens chercher dans cette boîte, mon vieux?

Je lui racontai mon affaire, en ajoutant que peut-être Lespagnol serait moins assiégé le lendemain.

— Ouais, compte là-dessus, mon bon ! La cage ne désemplit pas depuis qu'on a lancé les avis ; y a apparence que le défilé ne finira mie de sitôt. On aurait tiré les emplois à la loterie, le diable m'emporte ! qu'il n'en serait ni mieux ni pis : sur cent désignés, il y en a bien quatre-vingt-dix-neuf et demi qui ne sont pas contents. Rigolo ! Et toi, vieux lascar, t'a-t-on mis à ta place au moins ?

— Oui et non. On m'a bien laissé ciseleur, mais je suis casé comme ouvrier d'atelier, tandis qu'auparavant, travaillant seul chez moi, j'étais aussi indépendant qu'un patron.

— Je comprends que ça t'embête, vieux, mais, tu sais, avec la nouvelle organisation, pas moyen de faire autrement. Té, pourquoi as-tu été assez serin pour ne pas taper les amis ? On t'aurait collé dans les bureaux, comme moi, chef de n'importe quoi !... Tu pourrais néanmoins te présenter comme contrôleur ; on vient de s'apercevoir qu'il en manque encore quatre ou cinq cents. Ce serait toujours mieux que de buriner à un établi, capé dé Diou !

— Je ne savais pas cela. Je suivrai ton conseil. Et pour mon fils, que dois-je faire ?

— Eh ! compère, dans trois mois personne ne pensera plus à la bagarre de la Caisse d'épargne. Il demandera alors son rappel à Paris, tu viendras nous voir, moi ou Lespagnol, et ça ira comme sur des roulettes.

J'ai remercié avec effusion ce fidèle compagnon et j'ai regagné notre logis, le cœur soulagé.

Ma femme est acceptée comme garde-enfants, mais pas dans l'établissement où notre petite Marie doit être élevée. Il est interdit absolument d'employer les femmes dans les établissements où se trouvent des membres de leur famille ; on veut éviter ainsi les partialités de celles qui seraient favorisées et les jalousies de celles qui ne le seraient point. C'est incontestablement rationnel et équitable ; mais ma pauvre Louise le trouvera très dur.

Les femmes sont des êtres tendres et nerveux, comme l'ont dit tous les physiologistes ; elles sont portées par leur nature à subordonner les questions générales et les principes d'État à leurs inclinations personnelles.

Quant à Aline, elle cesse d'être modiste : elle est classée lingère. Les modistes sont devenues à peu près inutiles dans notre société nouvelle, où l'on n'a plus à compter qu'avec les besoins de la masse et où, par conséquent, la production de luxe est sans objet. L'habileté de main, le goût, ce qu'on appelait autrefois l'esprit de Paris, c'est-à-dire tout ce qui introduisait l'art dans l'industrie au profit des privilégiés de la fortune est maintenant une superfluité qui doit être abandonnée.

— Tout m'est égal, a dit Aline avec amertume, du moment qu'il nous est impossible de nous marier.

— Prenez patience, mes enfants. Quelle est la religion dont le dieu a eu le pouvoir de créer d'un seul coup toutes les choses justes?

— Alors, a riposté violemment François, il fallait laisser chacun se débrouiller à sa guise. Il ne pouvait nous arriver rien de pire dans l'ancienne société.

Le mécontentement de mes enfants, que mon cœur comprend cependant, me fait beaucoup de peine.

VIII

LA PROVINCE S'AGITE

On reconstitue la garde nationale. Tous les jeunes gens de vingt ans ont reçu ordre de se présenter aux magasins militaires et de joindre, tout équipés, dans trois jours, la caserne ou le fort qui leur est indiqué comme point de ralliement. Le gouvernement a senti la nécessité d'avoir en mains une force plus étendue que le petit corps des gardes sociaux. C'est pourquoi l'École militaire du Champ-de-Mars, avec ses vastes dépendances, qui devait être transformée en établissement pour l'élevage des enfants (auquel ma femme était destinée) va conserver, ou à peu près, son ancienne affectation.

Des complications imprévues imposent ce revirement. En même temps, on va rétablir, mais dans les proportions les plus réduites possibles, un noyau d'armée permanente. Les assemblées départementales nouvellement élues réclament des troupes pour faire exécuter les lois dans les petites villes et dans les campagnes. En conséquence, on a décidé de réorganiser certaines divisions militaires et de grouper dans chacune d'elles un régiment d'infanterie, un de cavalerie et une batterie d'artillerie. Pour plus de sûreté, ces troupes seront composées d'hommes étrangers à la région.

On va mettre les paysans à la raison. Ils s'opposent à la socialisation de leurs propriétés privées, terres, maisons, étables, granges, bétail, récoltes et autres biens. Ils entendent conserver leur « héritage » comme ils disent, dussent-ils s'y démolir le tempérament en y bûchant sans profit jour et nuit.

On laisserait bien ces gens-là en paix chez eux, mais cela rendrait impossible l'organisation méthodique de la production à la campagne. Il faut donc faire, malgré

On va mettre les paysans à la raison.

elles, le bonheur de ces têtes dures. Quand la nouvelle organisation fonctionnera régulièrement, les paysans verront eux-mêmes l'existence agréable que leur assure la Démocratie sociale en retour d'un travail minime.

Les valets de ferme, les ouvriers de culture, les journaliers campagnards étaient restés à leur besogne accoutumée au moment où les domaines dans lesquels ils se trouvaient employés ont été déclarés propriété nationale. Mais depuis, un vent d'inconstance semble avoir soufflé parmi eux ; ils ne rêvent plus que changement et ne songent qu'à émigrer vers les grandes villes, surtout vers Paris.

Ils nous arrivent ici par caravanes d'aspect étrange et misérable, baragouinant des jargons inconnus, provençaux, basques, bretons, flamands. Ces bandes bariolées, dont quelques-unes traînent avec elles femmes et mioches, encombrent les boulevards et les Champs-Élysées, assiègent les magasins, les cantines publiques, exigeant gratuitement, car ces gens sont sans ressources, tout ce qu'il y a de meilleur et de plus cher en

Ces bandes bariolées traînant femmes et mioches...

nourriture, boisson, vêtements, chaussures et ustensiles. Ils avaient entendu dire et ils étaient persuadés qu'à Paris tout le monde vivait au sein d'un miraculeux bien-être. Nous ne demanderions pas mieux que ce fût vrai.

Naturellement, il va falloir rapatrier en masse tous ces sauvages dans leurs montagnes, forêts, landes ou plaines natales. On les en a informés et ils ont paru furieux.

Mais vraiment, il serait trop malheureux que le gouvernement laissât troubler notre système rationnel de production et de consommation par ces irruptions inattendues et illégales d'indigènes venus des provinces lointaines. On les verrait bientôt s'abattre ici, comme les sauterelles en Algérie, dévorant nos approvisionnements, laissant en plan chez eux les travaux indispensables, ou bien s'arrêtant en chemin et laissant se perdre les provisions préparées en vue de leur arrivée. Non, en vérité, on ne peut plus tolérer ces choses.

D'ailleurs, on aurait pu éviter ces abus, si l'on avait pensé plus tôt aux mesures que l'on vient seulement de prendre, à savoir : interdiction à tout citoyen ou citoyenne de voyager sans passeport régulier, interdiction formelle de changement de résidence à moins d'un ordre de l'autorité.

Cela ne veut pas dire, bien entendu, que Paris sera désormais privé de visiteurs et d'immigrants. Mais, comme l'explique fort bien le *Journal officiel*, on n'y pourra plus venir à volonté et sans méthode. Les voyages à Paris s'effectueront conformément aux plans du gouvernement, basés sur les calculs d'une statistique minutieusement établie. Il faut qu'on sache que l'État collectiviste prend au sérieux l'obligation universelle du travail et ne tolère aucun vagabondage, pas plus le vagabondage en chemin de fer que les autres.

IX

DERNIER JOUR EN FAMILLE

J'ai traversé aujourd'hui des moments bien pénibles. C'était la fête de ma femme, une date qui m'est chère depuis plus de vingt-cinq ans et que nous ne manquons jamais de célébrer en famille : mais, cette fois, ce n'était pas la joie qui présidait au festin. François part demain pour Lille ; demain aussi nous devons nous séparer de nos deux autres enfants, et le grand-père s'en va à l'hospice des vieillards.

Comme de juste, ces perspectives ont jeté de l'ombre sur notre ordinaire félicité. Il n'a été question que de ces tristes choses, à la maison, et le but de la fête a été quasi oublié.

Dès le matin, grand-père a cassé bras et jambes à tout le monde par ses lamentations :

— Ce gueux de socialisme a introduit le malheur à notre foyer, geignait-il; je l'avais bien prévu et je vous l'ai toujours dit!

En vain je m'efforçais de lui remonter le moral en lui dépeignant la confortable existence qui l'attend à l'établissement.

— Je m'en fiche pas mal! répliquait-il avec découragement. Est-ce que je ne vais pas être obligé de vivre, de manger, de dormir avec des gens que je ne connais ni d'Eve ni d'Adam? Est-ce que ma fille sera encore auprès de moi pour me soigner? Et ma petite Marie, je ne pourrai plus jouer avec elle, et Jacques ne viendra plus me conter ses histoires de l'école. Comment passerai-je mes soirées, quand vous ne serez plus là pour causer, ni toi, ni Louise, ni François, ni Aline? Et si je tombe malade, je serai seul, comme un chien galeux... Non, ces gredins-là me condamnent à mort, voyez-vous ; on ne peut pas transplanter les vieux arbres.

— Nous irons vous voir, père; oui, nous irons vous voir tous les jours, si c'est permis.

— Je sais bien que vous êtes de braves enfants, et que vous ferez tout ce que vous pourrez ; mais qu'est-ce que c'est que des visites : ça dure une demi-heure, on n'est pas entre soi, on est dérangé par les autres... Est-ce que ça peut remplacer la vie en famille, cela?

Et le pauvre homme pleurait, et je voyais les larmes rouler dans les rides de ses joues et glisser dans sa barbe grise.

— J'aimerais mieux être déjà mort! murmurait-il, comme s'il se parlait à lui-même; oui, j'aurais mieux fait de mourir, il y a deux ans, quand j'ai eu ma pleurésie...

C'était terrible, le désespoir de ce vieux, cassé par une longue vie de travail, que nous aimons et qui nous aime.

Ne sachant comment le distraire de sa peine, j'appelai sa préférée, la petite Marie, qui continuait à courir dans le logis, à babiller et à rire avec l'insouciance de son âge. Quelqu'un lui avait dit qu'à l'asile elle trouverait à foison des poupées, des gâteaux, des images, des petits chats et toute sorte de jouets, de sorte qu'elle était impatiente d'y aller et ne faisait qu'en parler.

François, lui, affectait un calme et une résolution qui, après ses emballements antérieurs, n'étaient pas sans m'inspirer quelque inquiétude. Il y avait au fond de son regard quelque chose qui ne me plaisait point. Il doit rouler dans sa tête des idées qu'il ne veut pas dire. Je souhaite que ces idées soient d'accord avec nos principes.

Mon second garçon, Jacques, n'est pas encore en âge de juger sérieusement les choses. Je crois que le changement qui va se produire dans nos habitudes domestiques lui serait assez égal, s'il ne devait pas se séparer de sa mère. Depuis qu'il sait qu'il va la quitter, il est devenu très tendre pour elle, ce qui auparavant n'était guère dans ses cordes. Il allait justement commencer son apprentissage et en était tout joyeux. Il est adroit de ses mains et aime à s'en servir; pour les études, c'est une autre affaire. Or, voilà qu'il va être obligé de retourner à l'école, parce que, maintenant, tous les enfants de son âge doivent étudier encore deux ans avant d'aborder l'enseignement professionnel. Je crains que cette déception ne lui soit fort désagréable.

Il est de tradition, chez nous, pour l'anniversaire de la maman, d'avoir pour menu du dîner un rôti de veau avec des pommes de terre frites, « le veau démocratique », comme l'appelait plaisamment François.

— C'est le dernier que je vous sers, mes pauvres amis, dit tristement ma femme, en déposant le plat sur la table; la prochaine fois, je ne pourrai plus vous en offrir, car je n'aurai plus de cuisine.

— J'aime beaucoup ton veau, ma bonne Louise, répondis-je, mais tu avoueras cependant que nous ne pouvons pas lui sacrifier notre idéal politique. Au surplus, sois tranquille, nous en mangerons encore, du veau aux frites, et même plus souvent que nous n'en avions l'habitude.

— Oui, mais nous ne le mangerons plus ensemble. Ce que la séparation coûte au cœur ne peut pas être payé par la bonne chère. Ce n'est pas le rôti de veau que je regrette, c'est la vie de famille.

— La chaumière et l'amour, fis-je en riant. Console-toi, ma chère, nous ne nous aimerons pas moins et nous aurons le temps de rester davantage ensemble.

— Ah! tu as beau dire, j'aimerais mieux mille fois m'éreinter quinze heures par jour dans mon ménage que de travailler seulement huit heures là-bas avec des étrangers!

Son visage s'assombrit et elle ajouta aigrement :

— Et pourquoi tout cela doit-il être?

— Ah! oui, je vous le demande un peu, pourquoi tout cela? confirma ma future bru, d'un ton plus agressif encore.

Quand l'une d'elles commence cette chanson, elle est sûre d'avance que l'autre se chargera du refrain, et si mon fils s'abstient d'intervenir — comme en ce moment — il ne m'est pas commode de soutenir proprement ma partie.

— Eh bien ! objectai-je, et les principes de l'égalité des droits et de l'émancipation de la femme, qui vous passionnaient autrefois, qu'en faites-vous donc ? Tout dernièrement encore, n'avez-vous pas applaudi aux conférences de la citoyenne Olympe ?

— Parlons-en, de celle-là ! C'est une vieille fille qui vit en garni et qui est fatiguée de coiffer sainte Catherine.

— Ça ne l'empêche pas d'avoir raison. L'égalité de devoirs et de droits pour les deux sexes est le fondement de l'organisation sociale. La femme rendue indépendante de l'homme par la possibilité de gagner au dehors un salaire égal, l'abolition de l'esclavage domestique pour la femme et pour les serviteurs, la réduction extrême du ménage par l'attribution des travaux familiers aux établissements publics, l'enlèvement des vieillards et des enfants dont la charge inégalement répartie ramènerait la division en riches et en pauvres : voilà ce que nos philosophes socialistes ont tous recommandé, voilà la condition même de la rénovation sociale.

— Tout ça, Joseph, est peut-être fort bien calculé au point de vue mécanique, observa le vieux ; mais ça ne rend pas heureux. Les hommes ne sont pas des bestiaux.

— Vous avez cent et mille fois raison, grand-père ! s'écria Aline avec véhémence.

Et elle se jeta dans les bras de son fiancé, en criant qu'elle ne voulait pas du tout être émancipée de lui.

Il n'y avait pas moyen, dans de pareilles conditions, de continuer la discussion d'une manière raisonnable. Je me tus, ne pouvant m'empêcher de rire. Mais j'ai le cœur gros d'anxiétés : je donnerais beaucoup pour être plus vieux de quarante-huit heures, car c'est demain le jour de la séparation.

X

LE GRAND DÉMÉNAGEMENT

Nous étions réunis dans la pièce où nous avons coutume de nous tenir, et ma femme avait déposé sur la table quelques paquets ficelés destinés aux partants. Dans un silence plein de gêne et de tristesse, nous attendions le fiacre qui devait, nous avait-on dit, transporter le grand-père et les petits-enfants aux établissements publics. On sonne à la porte de notre appartement.

— Voilà la voiture, dit Jacques, qui courut ouvrir.

— C'est pour la régularisation du mobilier, articula une voix de rogomme.

Je m'avançai vers le carré.

— Vous venez *charger* un vieillard et deux enfants? demandais-je.

— Non, des meubles.

— Il doit y avoir erreur. Mon beau-père et mes deux cadets ont reçu avis de se tenir prêts pour dix heures, ce matin.

— D'ici au soir, on a le temps de les trimballer, et puis ils ont des pattes, eux autres, ils pourront peut-être s'amener eux-mêmes. Moi, c'est le fourbi que je viens emballer.

— Qu'est-ce que vous dites? s'écria ma femme en émoi. Les objets de ménage sont et restent propriété privée.

— Bien sûr, ma bonne dame. Je ne vais point emporter tout le tremblement, soyez tranquille. La société sociale socialiste ne vous demande que l'excédant. Du reste, voilà le babillard, voyez vous-même.

L'homme choisit un papier parmi beaucoup d'autres dans un grand portefeuille qu'il avait sous le bras et nous le présenta. C'était l'inventaire que nous avions dû fournir précédemment et sur lequel on avait prati-

Ça va servir à garnir les établissements.

qué un nombre effrayant de ratures au crayon rouge. En même temps, il nous montra un numéro du *Journal officiel* portant un avis au public qui nous avait échappé au milieu des émotions de ces jours derniers. Et comme ma femme, immobile, les bras cassés, semblait atterrée de voir enlever nos meubles, l'employé compatissant lui expliqua :

— Ça va servir à garnir les établissements des vieux, des gosses et des éclopés, voyez-vous, la citoyenne. Autrement, où voulez-vous qu'on trouve de quoi ?

— Mais, reprit-elle, pourquoi n'allez-vous pas chez les riches, qui en ont des maisons toutes pleines ?

— On ne les oublie pas non plus, allez ! Si vous voulez voir une belle procession de fourgons, vous n'avez qu'à aller faire un tour aux Champs-Élysées et au quartier Malesherbes. Les camarades empêchent les omnibus et les fiacres d'y passer, rapport aux encombrements.

Sur une autre question de ma femme, il entra dans le détail. Chaque ménage ne peut conserver que deux lits et ce qu'il faut d'autres meubles pour garnir deux pièces. Et malgré cela, on dit qu'on se trouvera à court. Sur une population de 3 millions et demi d'habitants, il y a, à Paris, quelque chose comme douze cent mille mineurs et deux cent mille vieillards, qu'il s'agit de loger. De plus, il faut décupler le nombre des lits dans les anciens hôpitaux pour l'hospitalisation des nouveaux malades et infirmes.

— Du reste, ajouta-t-il comme conclusion, qu'est-ce que vous feriez de vos lits et de vos meubles, quand le vieux papa et les deux gosses ci-présents ne seront plus à votre charge ?

— Mais ils reviendront nous voir, je suppose ?

— Eh bien ! Il vous reste huit chaises.

— Vous ne voulez pas qu'ils couchent sur des chaises ?

— Coucher ? C'est pas une auberge, ici. Avec deux pièces par logement, pas moyen d'offrir des lits aux amis.

Ma femme ressemblait à une statue de la Déception. Elle s'était figuré que dans la distribution nouvelle des logements nous aurions pu obtenir, grâce à mes relations avec quelques députés, une gentille maisonnette, dans la banlieue, Asnières ou Saint-Mandé, où nous nous serions installés commodément, avec une ou deux chambres à donner et un jardinet plein de roses. Comment avait-elle pu rêver cela, alors que nos philosophes ont tous posé en principe « le ménage réduit au plus strict nécessaire ».

— Enfin, soupira-t-elle, c'est encore une consolation de penser que père et les petits coucheront là-bas dans leur lit ordinaire.

— Excusez, citoyenne, c'est pas encore ça. Y aurait pas moyen d'en sortir, si on devait faire au goût d'un chacun et numéroter les colis pour les remettre aux voyageurs, comme au chemin de fer. Sans compter que ça ferait un rude bric-à-brac dans les établissements. Non, nous transportons en bloc les marchandises aux magasins nationaux, qui font le tri à leur convenance.

— Alors, père n'aura même pas son vieux fauteuil?

— Y a pas apparence, citoyenne.

Alors, ce furent de grandes lamentations, et j'avoue que je fus peiné moi-même.

Ce fauteuil, comme la plupart de nos meubles, avait son histoire. Nous en avions fait la surprise du jour de fête à mon beau-père, il y avait bien une douzaine d'années; nous l'avions découvert dans une promenade, chez un brocanteur de la rive gauche. Presque neuf, large, profond, commode, le vieux s'y trouvait si bien qu'il ne le quittait presque jamais.

Le petit lit de Marie avait tour à tour servi de berceau à nos trois enfants; on l'avait démonté et remonté suivant les circonstances.

Notre grande armoire normande en chêne était l'un des premiers meubles de notre ménage; nous l'avions achetée d'occasion et payée par acomptes. En ce temps-là, je gagnais moins que par la suite, et nous devions nous priver beaucoup pour monter notre ménage.

Notre miroir nous venait de mon père; le cher homme s'en servait pour se raser, et au fond de ma mémoire je le vois encore, les joues ensavonnées, interrompant son opération pour causer en gesticulant avec son rasoir.

C'est ainsi qu'un lambeau de nous-mêmes est accroché à chaque objet de chez nous. Et il faut maintenant que toutes ces choses aimées s'en aillent, comme de la friperie, et disparaissent pour toujours!

Mais nous devons obéir à la loi commune et nous résigner. Les meubles sont partis.

Le soir un autre fonctionnaire est venu chercher grand-père et les enfants, et ce furent encore là, entre mon beau-père et ma femme, puis entre celle-ci et la petite Marie, des scènes épouvantables. Louise, tout à fait hors d'elle-même, ne voulait pas les laisser emmener et elle proférait des paroles offensantes pour le gouvernement.

— A la fin des fins, c'est-il pas fini? s'écria l'agent impatienté.

-- Vous avez raison, ne pus-je m'empêcher de reconnaître. Le temps passe. Nous n'avons pas le droit de vous retarder indéfiniment.

On se sépara alors. Ma pauvre femme s'affaissa sur une chaise en entendant les pas de nos chers partants retentir sur le palier et décroître dans l'escalier à mesure qu'ils descendaient.

— Cette sensibilité excessive, lui dis-je pour relever son moral, ne s'accorde plus avec l'esprit des temps nouveaux; c'est un reste des passions raffinées et des accès nerveux de l'époque bourgeoise. Haut les cœurs, ma bonne Louise! Maintenant que la véritable fraternité commence à régner sur la terre et que des millions et des millions d'hommes se tiennent embrassés dans un concert puissant et sublime, nous devons élever nos âmes au-dessus des misérables sentimentalités de l'ancien régime.

Mais elle ne m'écoutait pas. Elle demeurait immobile, le regard perdu dans le vague.

— Comment les enfants et grand-père seront-ils couchés ce soir, murmura-t-elle poursuivant son idée.

Pourront-ils dormir, seulement ?.... Marie dormait presque déjà, quand l'agent est venu, et maintenant... Lui aura-t-on donné toutes ses affaires et mis sa grande chemise pour qu'elle ne s'enrhume pas ?... Elle se découvre toujours en dormant... J'avais placé la chemise

Comme tout est vide et triste ! gémit-elle.

de nuit au-dessus des vêtements, avec un billet pour la gardienne...

Malgré moi, j'en avais les larmes aux yeux. Je l'emmenai doucement.

— Comme tout est vide et triste ! gémit-elle en entrant dans notre chambre. Nous n'avons jamais été aussi seuls ni aussi pauvres depuis la première année de notre mariage...

Nous ne fermerons pas beaucoup les yeux, cette nuit.

Il faut tâcher de s'accoutumer peu à peu : tout changement dans de vieilles habitudes semble pénible au début.

XI

LA NOUVELLE MONNAIE

Les photographes sont sur les dents : en aucun temps les objectifs n'ont fonctionné avec un entrain pareil. Cela vient de ce que tous les citoyens et citoyennes réputés valides, c'est-à-dire ceux qui ont entre vingt et soixante ans et ne figurent sur les contrôles d'aucun établissement hospitalier, ont reçu l'ordre de se présenter aux ateliers pour y être photographiés. C'est une mesure nécessitée par la création de la nouvelle monnaie.

Parler de portrait à propos de monnaie semble singulier au premier abord ; mais on comprendra très bien le rapport de ces deux choses si différentes, après avoir lu l'explication que je vais tracer le plus clairement qu'il me sera possible.

Le gouvernement, dans son entente parfaite des conditions fondamentales de la société nouvelle, a décidé de supprimer la monnaie métallique. L'or et l'argent, ayant une valeur intrinsèque, sont trop aisément susceptibles de devenir des instruments secrets de capitalisation ; de plus, le contrôle de leur possession échappe à l'autorité. On a donc cherché un autre moyen d'échange, et le délégué aux Finances a proposé le suivant, qui a été adopté.

La nouvelle monnaie consistera en coupons à souche enfermés sous une couverture de carton, portant le numéro matricule et la photographie de son propriétaire. Les coupons portent tous le même matricule et ils sont classés en catégories diverses : coupons de loyer, coupons de restaurant, coupons d'habillement, coupons de circulation, etc. Chaque cahier renferme la provision de monnaie pour quinze jours; deux fois par mois, tout citoyen valide en recevra un nouveau des mains de l'Etat, en échange du précédent épuisé.

On va voir combien cette innovation est ingénieusement combinée pour empêcher la renaissance, même occulte, d'une classe capitaliste.

Certes, déjà, l'uniformité dans la durée et le salaire du travail prescrit à tous, efface les inégalités que la répartition variable de l'intelligence, du talent, de l'adresse et de la force physique aurait pu entraîner. Mais il fallait éviter aussi que des différences dans la consommation n'accumulassent peu à peu la richesse aux mains des individus ayant plus d'économie ou moins de besoins que les autres. Car, autrement, une porte aurait été ouverte, ici encore, à une classe de capitalistes qui se seraient trouvés tôt ou tard en situation de tenir sous leur dépendance les travailleurs dépensant leur salaire au jour le jour.

Voici comment on a résolu ce problème. D'abord, les carnets sont rigoureusement personnels : ils ne peuvent être cédés à personne, ni en totalité ni en partie. Ensuite, pour leur mise en usage, la *perception* est substituée au *paiement;* c'est-à-dire que ce n'est pas le consommateur qui donne lui-même son coupon, c'est l'employé de l'Etat qui doit le détacher du carnet, en en vérifiant l'identité. Ce procédé est rendu très pratique par ce fait que, tout appartenant à l'Etat, seul fabricant et seul marchand de toutes choses, rien par conséquent n'est livré au public que par les mains des employés de l'Etat.

Par exemple, pour le dîner, le consommateur présentera son carnet portant sa photographie au comptable de la cantine, celui-ci contrôlera d'un coup d'œil la conformité du portrait avec le porteur, et détachera un coupon d'alimentation. De même, pour le logement, le fonctionnaire-portier prendra tous les quinze jours un coupon d'habitation. Les coupons dits de circulation n'ont aucune affectation spéciale : ils tiennent lieu de monnaie courante et divisionnaire, et chacun peut les employer à son gré pour augmenter son bien-être, se divertir, et même satisfaire son goût pour le tabac ou les boissons alcooliques.

Les objets achetés avec les coupons appartiennent en propre à leur acquéreur, qui peut les donner à qui bon lui semble et aussi les léguer par testament. Ceci prouve, comme le fait justement remarquer le *Journal officiel*, quelle était la mauvaise foi des adversaires de la Démocratie sociale, quand ils prétendaient que celle-ci entendait supprimer totalement la liberté individuelle, la propriété privée et le droit d'héritage. Elle n'a réglementé au contraire l'exercice de ces droits, que dans la mesure indispensable pour empêcher le retour du capitalisme et l'exploitation.

Ainsi ceux qui, dans les quinze jours, n'ont pas dépensé la totalité de leurs coupons, conservent parfaitement la libre disposition du surplus, dont il est inscrit mention sur le nouveau cahier. Cependant, à cet égard, des mesures de précaution s'imposaient pour empêcher cet excédent de s'accumuler jusqu'à constituer un véritable capital. Le gouvernement a donc fixé un chiffre maximum, qui est de cent francs. Ce qui dépasse cette limite rentre dans la caisse de l'Etat.

XII

NOUVELLE VIE DOMESTIQUE

Le tirage au sort pour les logements a eu lieu avant-hier, et nous avons pris aujourd'hui possession de notre nouvel appartement.

Nous n'avons pas gagné au change, je dois le reconnaître. Nous habitions avenue Trudaine, au cinquième, sur le devant, de sorte que de notre terrasse, dans les beaux jours, nous apercevions Montmartre et les hauteurs de Belleville ; en raison du mauvais numéro que le hasard m'a fait tirer, on nous a assigné un appartement dans le même immeuble et également au cinquième, mais sur la cour. Ma femme est fort désappointée. Elle avait fini par renoncer à sa chimère d'une maisonnette à jardin, mais elle comptait au moins sur un logis agréable et peu élevé.

Nous avions toujours sacrifié beaucoup au logement, et l'appartement que nous occupions était plutôt en disproportion avec nos ressources. Mais j'ai toujours pensé que, pour des gens paisibles, rangés, aimant leur intérieur, l'habitation, le nid, constitue l'article le plus important du programme de l'existence.

Nous avions, pour nous six, cinq pièces et une cuisine : la salle à manger, la chambre de mon beau-père, la nôtre, où couchait aussi la petite Marie, celle des garçons et enfin mon atelier. Trois de ces salles, ainsi que la cuisine, étaient devenues inutiles, puisque grand-père et les enfants ne sont plus avec nous, que je ne travaille plus à domicile et que les cantines publiques vont commencer à fonctionner demain. Par conséquent, je ne comptais pas obtenir l'équivalent de l'appartement que nous quittions. Néanmoins, j'espérais tomber sur quelque chose de gentil : deux ou trois pièces plus grandes et mieux aménagées que les nôtres.

Mais les choses n'ont pas tourné du tout comme nous l'avions conjecturé : je vais expliquer comment et pourquoi nous n'avons plus maintenant que deux pièces mal éclairées et basses de plafond, dont l'une est ce que l'on appelait, sous l'ancien régime, une chambre de domestique, avec un seul placard et point de cabinet.

Mais comme la justice doit inspirer tous les discours, je tiens à dire tout de suite que je ne récrimine pas, reconnaissant que tout s'est passé loyalement : notre administration est une administration honnête.

Les beaux et grands appartements ne manquent pas à Paris, c'est sûr ; mais les besoins des services publics, dans notre société socialisée, se sont multipliés dans des proportions tellement considérables que, malgré la réduction des parts individuelles au strict nécessaire, les locaux font encore défaut. C'est ce qui a été expliqué hier mathématiquement, à la séance de la Convention.

Naturellement, les intérêts publics passent avant les intérêts particuliers; on a eu raison d'affecter aux services sociaux les immeubles de luxe, les hôtels, les vastes maisons des beaux quartiers et des boulevards. Il a fallu multiplier à l'infini les bureaux, les débits et les magasins de toute nature ; la plupart des anciennes boutiques ont servi à cela ; on a réservé les plus spacieuses pour les cantines, et les anciens cafés sont devenus des buvettes. Enfin, vu le grand nombre d'habitants de chaque maison, on a dû affecter la plupart des bâtiments de derrière à l'organisation de blanchisseries. Il est logique que la nécessité de réserver l'espace indispensable pour tant d'usages déterminés ait eu pour conséquence de restreindre les logements privés.

La socialisation de la ville de Paris a mis à la disposition de l'Etat un total de six millions de chambres et cinq ou six cent mille cuisines devenues sans usage. Les services publics ont absorbé la moitié de ce nombre et l'on s'aperçoit chaque jour que, malgré le soin apporté dans les calculs de prévision, on a oublié quelque chose ou évalué trop bas. Néanmoins, on ne pouvait abaisser la répartition individuelle au-dessous d'une chambre par tête. On s'est donc arrêté à ce chiffre.

C'est dans ces conditions qu'on a procédé au tirage au sort, et toute personne âgée de plus de vingt ans et de moins de soixante, homme ou femme, a tiré un billet. Ce procédé a l'avantage d'écarter toute injustice et de rendre hommage au principe d'égalité, quand il s'agit d'attribuer des lots inégaux. On en use déjà au théâtre depuis la Révolution sociale, et l'on s'en trouve parfaitement bien.

Le tirage opéré, on a procédé à une opération complémentaire, qui prouve avec évidence que, dans notre nouvel état social, les gouvernants ont des entrailles de frères pour les gouvernés : la permutation facultative. Les citoyens et citoyennes désireux de continuer la vie conjugale, ou bien ceux qui ont des motifs de se rapprocher, étaient admis à échanger leur chambre contre une autre, conformément à leurs besoins.

C'est là ce qui fait que nous ne sommes pas logés aussi avantageusement que nous le souhaitions : j'ai dû troquer la belle pièce qui m'était échue dans une maison du boulevard de Rochechouart, contre la chambre de domestique qu'un jeune homme allait occuper à côté de celle de ma femme. Enfin, l'essentiel est que nous ayons pu rester ensemble.

Il ne manque pas d'anciens ménages qui ont moins

de chance que nous sous ce rapport. Il est vrai que nombre de gens mariés ne se sont pas foulé le tempérament pour se réunir, sans parler de ceux qui ont profité de l'occasion pour se *plaquer* sans en avoir l'air.

— En somme, fis-je observer à ma femme, toute cette organisation nouvelle a été combinée conformément à la logique. Le gouvernement a choisi avec un discernement parfait le seul moyen qui fût d'accord avec les principes de liberté et d'égalité, et qui sauvegardât l'avenir. Si l'on avait tenu compte des anciens ménages en leur réservant des logements spéciaux au détriment des célibataires, non seulement ceux-ci auraient été en droit de protester, mais on se serait jeté dans des embarras inextricables. Le mariage étant arrangement privé et revisable, qu'aurait-on fait le jour où les conjoints auraient décidé de se séparer? Il aurait fallu les caser ailleurs, isolément, et donner leur appartement à un autre ménage.

— Justement, opina Louise; cela s'arrange très bien.

— Oui, à la condition que les chiffres concordent dans les deux catégories. Mais on ne peut pas tabler sur le hasard. Rien qu'à Paris, il y a chaque jour des milliers de personnes qui s'unissent ou se séparent; pense un peu quel problème à résoudre, quelle besogne, quel gâchis, pour les répartiteurs! Non, cela, c'est l'impossible. Dans cette question, comme dans les autres, notre nouvelle société est organisée de la manière la plus rationnelle et la plus ingénieuse. En aucun temps, la liberté de la personne humaine n'a été entourée de plus de garanties, et en face de nos admirables institutions, les réactionnaires bourgeois, qui ont osé dire que l'avènement de la Démocratie sociale était la généralisation de l'esclavage, devraient mourir de honte!

— Que les autres s'arrangent comme bon leur semblera, ajoutai-je en voyant que ma femme demeurait soucieuse; nous, ma bonne Louise, nous n'avons pas besoin d'y être obligés par la loi pour nous aimer fidèlement et pour rester ensemble jusqu'à la fin de nos jours.

Ma femme me pressa la main en silence, puis elle s'assit en pleurant. Elle est d'une nature tendre, et je vois avec tristesse qu'elle aura de la peine à s'accoutu-

Ma femme me pressa la main en pleurant.

mer aux bouleversements survenus dans ses habitudes.

Malheureusement, dans notre changement de domicile, nous avons été obligés d'abandonner une partie de ce qu'il nous restait de mobilier. Notre logement actuel est trop petit pour contenir tout ce que l'on nous avait laissé. Encore sommes-nous fort à l'étroit. Mon ancienne chambre de domestique surtout, dont nous avons fait notre chambre à coucher, est positivement insuffisante et incommode.

Mais dans la traversée de la période de transition, nous devons montrer la patience et la fermeté qui conviennent à des citoyens ayant la foi de leurs convictions.

Les cantines nationales commencent à fonctionner demain matin, et après-demain aura lieu, m'assure-t-on, l'ouverture du nouveau théâtre populaire.

XIII

CANTINES NATIONALES

En vérité, nous avons le bonheur de vivre à une époque mémorable, dont on parlera dans la suite des siècles. Ce matin, à la même heure, cinq mille cantines pouvant nourrir chacune mille personnes ont été ouvertes à Paris. C'est une organisation véritablement merveilleuse, pleine de méthode et de simplicité, digne des vertus des anciens Spartiates.

Nous sommes loin du temps où une bourgeoisie sensuelle allait se gorger de nourritures raffinées et dispendieuses au Grand-Hôtel ou au Café Riche et s'enivrer de vins capiteux à 10 ou 15 francs la bouteille. Maintenant, dans notre société socialisée, on ne peut plus gaspiller pour un seul repas de quoi assurer l'existence de toute une honnête famille pendant un mois. Plus de garçons habillés comme des notaires, en habit noir et en cravate blanche, plus de cartes des mets et des vins reliées aussi richement que des missels, plus de vaisselles d'argent, plus de cristaux, plus de nappes à ramages orgueilleux.

Dans nos cantines sociales, tout est réglementé selon la raison jusque dans les plus petits détails, et nul n'y est favorisé aux dépens des autres. Naturellement, on ne peut manger indifféremment dans toutes les cantines, car cela jetterait dans le service des perturbations impossibles à prévoir et il y aurait en quelques heures des cantines totalement dégarnies de provisions, alors que d'autres seraient encore surabondamment fournies. Nos gouvernants sont des hommes d'État trop expérimentés pour n'avoir pas aperçu d'avance et sagement évité cet écueil.

On ne peut manger que dans la cantine où l'on s'est fait inscrire, et pour cette inscription on a le choix entre les cantines du quartier de son domicile et de celui de son travail. Les déjeuners sont servis de dix heures à midi et demi; les dîners, de cinq à huit heures.

Chacun combine le moment de ses repas conformément à ses heures de loisir, qui dépendent naturellement de son genre d'occupation. Malheureusement, c'est seulement le dimanche qu'il m'est permis de manger avec ma femme, comme j'en ai l'habitude depuis vingt-cinq ans, car nos heures de travail sont tout à fait différentes.

— Alors, je ne pourrai plus avaler une seule bouchée! s'est exclamée Louise, quand elle a été instruite de ce contretemps.

— Je le regrette comme toi, chère femme, lui ai-je répondu; mais il faut déployer de la bonne volonté : car c'est aux socialistes inébranlables dans leur foi, comme nous le sommes, qu'il appartient de donner le bon exemple. Nos dimanches nous paraîtront d'autant meilleurs. Notre illustre Jaurès n'a-t-il pas écrit que l'intensité des satisfactions est en raison directe de leur rareté?

Je dois expliquer maintenant comment les cantines fonctionnent.

En entrant, on passe devant un guichet occupé par un comptable, auquel on présente son livret. L'employé en détache un *coupon d'alimentation* et vous remet en échange un numéro, comme aux bureaux d'omnibus.

L'administration a eu la bienfaisante pensée de placer des bancs le long des murs, pour que l'on puisse attendre sans fatigue l'appel de son numéro; c'est seulement dans les moments de presse, quand les bancs sont pleins, qu'on attend debout. La cantine est divisée en plusieurs sections correspondant à la couleur des nu-

On vous remet votre portion que vous devez porter vous-même.

méros, et chacune a son surveillant chargé d'appeler les tablées à mesure que des vides se produisent.

A l'appel de votre numéro, dans votre série, vous passez au guichet du buffet, où l'on vous remet votre portion, que vous devez porter vous-même à la table qui vous est assignée par un garde social.

Car ce sont les miliciens de la police qui font ici le service d'ordre, et je dois reconnaître que leur présence est nécessaire, au moins pour les premiers temps. Toute cette organisation méthodique est nouvelle, le public, encore esclave de ses anciennes habitudes, n'y est pas accoutumé, et il ne manque pas de gens qui manquent de patience et de calme.

Mais je dois constater, d'autre part, que les policiers n'apportent pas dans l'accomplissement de leur mission l'urbanité, la cordialité qui s'imposent dans une société vraiment fraternelle. Les nécessités gouvernementales ont fait porter leur nombre à trente mille; ils se sentent devenus indispensables, ils font maintenant les importants et reprennent peu à peu les allures désagréables des argousins du régime bourgeois.

La cohue aussi est véritablement trop grande dans les cantines; on sera obligé d'en augmenter le nombre, sinon on n'arrivera pas à servir dans le temps voulu un pareil nombre de consommateurs et il s'ensuivra une perturbation regrettable dans le travail.

Ce n'est pourtant pas la durée du repas qui est cause de ce retard. Cette durée est même trop brève: un quart d'heure. Le garde social, debout, montre en main, derrière chaque rangée de tables, ne fait pas grâce d'une minute; au contraire, je crois qu'il en rogne deux ou trois pour gagner du temps. Et à son signal, il faut, bon gré mal gré, se lever et céder la place à ceux qui attendent.

Ces places également sont trop étroitement mesurées, et cela nuit à la rapidité de l'opération : on est serré des épaules et des coudes.

Cette gêne a même amené sous mes yeux un incident comique. Le hasard avait amené côte à côte, en face de moi, un ramoneur et un farinier. Or, comme chacun accourt à la cantine au sortir de l'atelier dans le costume de sa profession, le frottement du noir et du blanc produisait sur les deux voisins des bigarrures extraordinaires qui égayaient tout le monde. Le ramoneur en riait de tout son cœur, mais le farinier s'en montrait fort courroucé.

4.

J'ai raconté cela à ma femme, le soir, pour l'amuser un peu et la distraire du chagrin qu'elle éprouve de ne pouvoir partager mon repas comme autrefois.

— Vois-tu, chère amie, cette organisation demande encore certains perfectionnements. Toute machine a besoin d'être réglée avant de fonctionner tout à fait bien, et nous sommes encore dans la période de tâtonnement. Mais ce n'est pas moins une chose qui élève l'âme de penser que, le même jour et à la même heure, toutes les cantines nationales de Paris cuisinent les mêmes mets; que chaque cantine, dans un délai fixe, alimente un nombre de bouches mathématiquement déterminé, et que par cette méthode précise se trouve économisé au profit de la collectivité le temps si follement gaspillé autrefois par la société capitaliste. Cette économie de temps est un des plus grands triomphes de notre organisation socialiste.

Ces places
sont étroitement mesurées.

Un peu plus tard, comme nous revenions d'une petite promenade du côté des boulevards, nous trouvâmes la maison en émoi : la plupart des portes étaient ouvertes, les corridors, les paliers et même les escaliers garnis de voisins qui discutaient avec âpreté la question des cantines. Nous nous arrêtâmes, Louise et moi, faute de pouvoir gagner notre cinquième, et nous entendîmes une citoyenne du premier, directrice de cuisine d'une des cantines du quartier, répondre à une critique formulée avant notre entrée :

— Eh bien! ce serait du beau gâchis, si on vous écoutait! Des plats variés au choix... Ah bien, oui! Alors, les premiers venus auraient les fins morceaux, et les autres, ceux qui lâchent la besogre plus tard, fricoteraient avec les déchets, pas?... Et l'égalité, qu'est-ce que vous en faites?

— L'égalité des intestins, oh la la! cria une voix aux étages supérieurs.

— Vous n'avez pas la prétention d'en remontrer aux hommes de science, je suppose? répliqua la directrice. Il est démontré que 700 grammes de pain, 250 de viande, 300 de légumes, haricots, pommes de terre, pois, fèves, choux ou salade, sont suffisants à l'entretien quotidien de la force et de la santé de tout individu dans l'état normal...

— Zut! riposta la voix gouailleuse. Y avait à côté de moi un fort de la halle qui avait escamoté sa portion quand je n'étais pas à la moitié de la mienne, et qui claquait encore du bec. Il a demandé un supplément, le *flique* l'a insulté. J'y ai repassé mon surplus et il est encore parti en suçant son pouce!

Tout le monde s'est mis à rire.

— On ne peut pas baser un raisonnement sérieux sur des exceptions, a fait judicieusement observer un chef de bureau du ministère de l'Intérieur, qui loge au second. Il avait été question tout d'abord de graduer les portions en raison du poids personnel des consommateurs, qu'on aurait inscrit sur leur livret; mais cela aurait entraîné dans le service des complications inouïes, et l'on y a renoncé.

— Vaut mieux faire jeûner les gros; ça les ramènera au poids réglementaire!

Nouveaux rires. Le chef de bureau continua sans relever la plaisanterie :

— De même pour les femmes. On avait proposé de leur attribuer des portions moins fortes qu'aux hommes...

Un charivari de protestations aiguës interrompit l'orateur, qui attendit avec patience et reprit, quand le calme fut à peu près rétabli :

— Si vous n'aviez pas tant crié, vous sauriez déjà que le gouvernement a écarté cette idée, comme attentatoire à l'égalité des sexes et en contradiction avec l'égale obligation du travail.

— Ça empêche pas que les femmes et les hommes, c'est pas fichu pareil !

— L'égalité des besoins physiques est une absurdité, clama un citoyen remarquablement obèse, appuyé à la rampe sur le palier du troisième étage. C'est pas ma faute, si j'ai la boulimie. Avec ce qu'ils donnent à la cantine, j'en ai pas pour ma dent creuse !

— Bon ! Je ne sais pas si le régime va vous décharger du superflu de votre margarine, mon gros !

— Citoyen, dit sérieusement le chef de bureau, si vous vous êtes engraissé de la sueur du peuple, comme tant d'autres, dans la société bourgeoise, tant pis pour vous. La collectivité socialiste n'est pas responsable de vos excès. Si, au contraire, votre embonpoint est simplement le résultat d'une disposition naturelle ou d'une existence trop sédentaire, vos huit heures de travail régulier et les exercices auxquels vous pourrez vous livrer pendant vos huit heures de loisir vous débarrasseront de votre infirmité.

— D'ailleurs, ajouta aigrement la directrice, chacun est libre de faire à son domicile des repas supplémentaires, si bon lui semble. Il suffit pour cela d'acheter de la nourriture avec les bons de circulation.

— Et le tabac ? On voit bien que vous ne fumez pas, la bonne dame !

— En résumé, conclut la directrice, en méprisant cette apostrophe, l'alimentation est une question de chimie. Il faut un quantum déterminé de matières azotées et de matières non azotées ; la science a prononcé et son arrêt a été méthodiquement exécuté. Un point, c'est tout.

— Et vive le pape infaillible !

— Un brevet à l'institutrice !

— On réclame l'émancipation de l'estomac !

— A Chaillot, les affameurs !

— Permettez, permettez, intervint le chef de bureau. Tout cela n'est pas sérieux. Le meilleur, je veux dire le moins mauvais des anciens tyrans de ce pays considérait comme un progrès idéal que chacun pût mettre la poule au pot tous les dimanches..

— Vive Henri IV !

— Qu'est-ce que cela, en comparaison de ce qu'a fait notre admirable gouvernement ! Plus de citoyen sans pain, plus de vagabond sans asile ! La marmite bout pour tout le monde, tous les jours, et chacun jouït d'un toit pour abriter sa tête ! En face de résultats aussi merveilleux, qui oserait s'arrêter à de misérables critiques de détail basées sur des exceptions individuelles ?...

Nous montions notre escalier au fond de la cour que nous entendions encore les éclats de son éloquence.

— Ce fonctionnaire parle supérieurement, dis-je à une femme, et il a des idées très justes.

— Un curé prêche toujours pour sa paroisse, répondit amèrement Louise. Cet homme est satisfait de sa position au ministère, où il ne travaille guère et trouve sans doute des profits ; il serait fâché que les choses changeassent, ça se comprend très bien.

Le chagrin persistant de ma pauvre femme m'afflige et arrête l'essor de mon âme au milieu des transformations sublimes qui s'accomplissent autour de nous. Elle est devenue impressionnable à l'excès, et sa nervosité s'accentue tous les jours. Durant nos vingt-cinq années de ménage, nous n'avons pas eu autant de désaccords que depuis la Révolution sociale, et je ne vois pas s'atténuer cet état d'antagonisme. Ses récriminations n'ont pas cessé depuis l'ouverture des cantines. Hier soir, comme je la voyais plus pâle et plus excitée encore que de coutume :

— N'as-tu besoin de rien? lui demandai-je. Tu sais qu'il y a là, dans l'armoire, du pain et du vin.

— Merci, Joseph. Oui, je vais essayer de tremper une croûte, car je n'en puis plus, j'ai les jambes comme cassées.

— N'as-tu donc pas mangé convenablement au dîner ?

— Mangé convenablement, avec cette cuisine de caserne ! C'est de la pâtée à chien qu'on fabrique dans ces boîtes-là. La viande, c'est une pelote de tendons séchés à force d'être cuite, et la sauce, c'est de l'eau sale... Ah ! je les connais trop bien, leurs tripotages ; quand je lis les « sept plats du jour » de la semaine qu'on affiche le dimanche à la porte des cantines, j'en ai l'estomac retourné. Je vois d'avance ce qu'on nous offrira sous le nom de bouilli du lundi, du navarin du mardi, des escalopes du mercredi, de la raie au beurre noir du jeudi et le reste à l'avenant. J'ai beau me raisonner, mon gosier se ferme, je ne peux plus rien avaler.

— Tu me fais de la peine, ma bonne Louise. Pourtant, combien de fois ne t'ai-je pas entendu te plaindre, sous l'ancien régime, de ne pas savoir où donner de la tête tant la vie devenait chère ! Et comme tu étais contente, le dimanche, quand nous allions dîner dans une gargotte de banlieue, parce que, ces jours-là, tu n'avais pas à t'occuper de la cuisine !

— Eh bien ! maintenant, je donnerais la moitié des années qui me restent pour retourner à ce temps-là.

Chaque jour nous avons de ces algarades. Je me dis bien, en mon pardedans, que c'est l'habitude des femmes de se tourmenter comme à plaisir et de trouver toujours à reprendre dans les choses qu'elles ne font pas elles-mêmes; je n'en suis pas moins inquiet et attristé.

J'espère que, quand elle aura vu seulement une fois les enfants et le grand-père dans leurs établissements, — car jusqu'à présent, par mesure d'ordre, on n'a pas autorisé les visites; — quand elle aura constaté combien ils sont bien portants, heureux et gais, elle recouvrera la paix de l'âme et reprendra sa bravoure de caractère, qui jadis ne l'abandonnait jamais, même dans les moments difficiles que nous avons eus à traverser

XIV

SCANDALE PUBLIC

Je viens d'être témoin d'un scandale qui m'a fait bouillir d'indignation.

Depuis quelque temps, je voyais bien que notre Premier-Délégué perdait de sa popularité. Je regardais cela comme un grand malheur, parce que je doutais qu'on parvînt à le remplacer convenablement.

Où trouver un démocrate socialiste tout à la fois aussi convaincu et aussi capable? Où rencontrer un homme d'État aussi habile organisateur, possédant une pareille puissance de travail, doué d'autant d'énergie, et d'un talent oratoire aussi solide? Il faut vraiment être aussi dépourvu de jugeotte que l'est un bœuf, pour songer à renverser un homme qui est comme le cerveau de la Démocratie sociale.

Voilà ce que je me disais à moi-même. Mais moi, j'ai travaillé toute ma vie à éclairer mon intelligence, à redresser mon jugement sur toute chose, à devenir un citoyen clairvoyant, équitable et désintéressé. Et malheureusement, j'ai bien dû reconnaître à mesure que mon crâne se dégarnissait, que tout le monde ne poussait pas aussi loin que moi l'amour de la justice et le souci de sa propre éducation.

J'étais donc plus affligé qu'étonné de voir que tous ceux qui trouvent quelque chose à redire à notre nouvelle organisation, ou qui ont éprouvé quelque déception dans leur attente ou leur convoitise, s'en prenaient au Premier-Délégué. Les femmes se montraient surtout enragées après lui, depuis le grand déménagement et l'ouverture des cantines nationales.

Je me suis même laissé dire qu'elles manigançaient entre elles la création d'un parti de réaction, qui d'ores et déjà serait assez nombreux. Je veux espérer que ni ma femme ni Aline n'ont commis la faute de s'y affilier!

Et dans ces derniers temps, il n'était imputations sottes, récriminations ridicules, potins absurdes, qu'on n'entendit circuler aux dépens du chef de notre gouvernement.

— Ce n'est pas lui qui cire ses bottes!

— Il a un domestique pour brosser ses habits!

— Il ne va pas à la cantine; on lui apporte ses repas à l'Hôtel-de-Ville, et il mange à part dans un salon somptueux!

— Bien plus fort que ça: il a une voiture particulière pour lui seul!

— Il lampe dur à l'assiette au beurre!

— C'est un faux socialiste!

— C'est un simple roublard!

— C'est un vil aristo!

Naturellement, je ne pouvais pas savoir si les manquements au principe d'égalité dont on l'accusait étaient faux ou réels. En admettant qu'ils le fussent, j'aurais été le premier à déplorer de semblables défaillances de la part d'un homme d'une telle valeur. Mais cela même ne suffisait pas à expliquer et à justifier la sourde hostilité que j'entendais gronder autour de lui, et je soupçonnais, dans la sincérité de mon âme, le parti des Jeunes, de machiner un mauvais coup contre le génie politique que l'opposition considère avec raison comme son plus redoutable adversaire.

La confirmation de mes craintes ne s'est pas fait attendre longtemps.

Sur la place de la Concorde, à l'emplacement de l'ancien obélisque, qui est maintenant transporté au Louvre, on a inauguré, il y a quelques jours, un monument grandiose, commémoratif de la Commune de Paris, et depuis ce moment il y a toujours foule de ce côté-là pour admirer cette œuvre d'art.

J'y étais moi-même tout à l'heure, lorsque par aventure le Premier-Délégué déboucha, dans sa voiture, des Champs-Élysées, revenant d'une promenade au Bois et regagnant l'Hôtel-de-Ville par la rue de Rivoli.

La vue d'une voiture de maître, meuble devenu fort rare maintenant, ne peut manquer d'éveiller la curiosité publique. Aussi le Premier-Délégué fut-il aussitôt reconnu et signalé.

Il y a six mois, il aurait reçu le salut cordial et empressé de chaque citoyen, et des hourras auraient roulé d'un bout à l'autre de la vaste place. Cette fois, ce furent des coups de sifflet qui retentirent. Puis, comme la voiture longeait le Garde-Meuble, des murmures hostiles, qui grossirent bientôt en huées, s'élevèrent de la foule.

Alors se produisit une poussée, et la voiture se trouva presque bloquée, ne pouvant plus avancer qu'au pas pendant que de la tourbe qui l'enlisait, montaient les invectives et les menaces.

— A bas l'aristocrate !

— A bas le bourgeois !

— A bas les exploiteurs masqués !

— A bas les repus !

— Sortez-le de son carrosse !

— Enlevez-le !

— A la Seine ! A la Seine !

Quelques bons citoyens, dont j'étais, s'efforcèrent de réagir en criant de toutes leurs forces :

Une bande de femmes fit pleuvoir une grêle d'immondices.

— Vive le Premier-Délégué ! Vive la Démocratie sociale !

Mais nos acclamations furent étouffées par un redoublement de clameurs outrageantes, et je me demande comment les choses auraient tourné, si les gardes sociaux à cheval — qui ont été aussi rétablis depuis quelque temps — n'étaient sortis en hâte du ministère de la Marine.

Mais la cohue était devenue si dense, que ces cavaliers durent employer la violence pour dégager l'équipage. Du plat de leur sabre ils frappèrent dans le tas, au hasard, et plus d'un ami du gouvernement se retira avec des horions.

Alors, ce fut une vraie bagarre. Au milieu d'une tempête d'injures, le Premier-Délégué conservait un calme admirable, saluant gravement ceux qui, comme moi, le défendaient.

Mais, au moment où, sur son ordre, la voiture faisait un brusque à gauche, pour filer par la rue Nationale; une bande de femmes se précipita et fit pleuvoir sur le carrosse une grêle d'immondices. L'homme d'État en fut couvert, et il eut même le visage taché de boue. Je le vis rougir de colère. Néanmoins, il arrêta d'un geste impératif les gardes qui s'apprêtaient à charger ces furies.

Si je ne les avais pas vues de mes yeux, j'aurais peine à croire que des choses aussi indignes de la Démocratie sociale pussent se passer à Paris. Elles ont scandalisé tous les honnêtes gens ; aussi ai-je entendu dire, en revenant chez moi, qu'on allait organiser, pour en effacer le souvenir, une ovation retentissante en faveur du Premier-Délégué.

XV

CRISE MINISTÉRIELLE

Le Premier-Délégué a présenté sa démission. Les gens de bon sens ne peuvent que le déplorer sincèrement, surtout après l'aventure de la place de la Concorde. Mon ami Cantaloube, du ministère de l'Intérieur, le dit très surmené et très énervé, ce qui n'est point surprenant : il a cent fois plus à penser et à travailler que les anciens présidents du Conseil du régime bourgeois. L'ingratitude de la foule, les outrages dont il a été l'objet, ont été la goutte qui fait déborder le vase ; il en a été profondément ulcéré.

C'est cette stupide question du nettoyage des chaussures qui a déterminé cette crise ministérielle. On sait

Il a perdu son temps à cirer ses bottes.

A raccommoder ses vêtements.

maintenant que le Premier-Délégué a déposé, il y a déjà longtemps, un rapport circonstancié sur ce sujet, rapport sur lequel le ministère a jusqu'à présent négligé de statuer. Le Premier-Délégué vient de faire publier ce document par le *Journal officiel* et il demande une solution immédiate et définitive.

Les conclusions en sont graves, mais catégoriques : elles instituent une situation exceptionnelle pour la personne du Premier-Délégué « qui, disent les considérants, ne peut se passer de l'aide d'autrui en ce qui concerne ses besoins individuels, de même que le principe du travail de huit heures ne peut s'appliquer à lui, à moins que l'on ne triple le nombre des titulaires de sa fonction, en nommant trois premiers-délégués qui gouverneraient alternativement huit heures par jour. »

Le rapport expose que le chef du gouvernement a, dans les premiers temps, perdu beaucoup d'heures précieuses chaque matin à nettoyer ses bottines, à brosser ses habits, à faire sa chambre, à aller à la cantine, et que, par suite, d'importantes affaires d'État, que lui seul pouvait expédier, sont restées en souffrance. Pour ne pas recevoir des membres du corps diplomatique avec une redingote déchirée ou manquant de boutons, il lui est arrivé, ne pouvant attendre l'intervention forcément lente des établissements nationaux de raccommodage, de procéder lui-même à la réparation de ses vêtements, opération qui amenait dans les entrevues des retards incompatibles avec les égards dus aux représentants des puissances étrangères et grandement préjudiciables aux intérêts de la collectivité française.

C'est pour parer à ces graves inconvénients que le Premier-Délégué aurait décidé d'agir d'urgence, sans attendre l'avis trop tardif de ses collègues du gouvernement, et d'attacher à son service particulier les serviteurs indispensables.

Il ajoute que sa détermination de ne plus prendre ses repas à la cantine est motivée, en outre, par la nécessité d'échapper à l'obsession des pétitionnaires, qui attendaient chaque jour son entrée et sa sortie, au nombre de plusieurs centaines et formaieut ainsi devant l'établissement des rassemblements parfois tumultueux qui troublaient le bon ordre et gênaient la circulation.

Enfin, le *Journal officiel* explique que les promenades en voiture aux Champs-Élysées et au Bois de

Boulogne sont une obligation de santé pour le Premier-Délégué, qui se trouve empêché, par les mille devoirs de sa charge et par son travail écrasant, de prendre aucun exercice et de goûter les jouissances de la promenade à pied dont disposent les moindres citoyens.

Tout cela est raisonnable et plausible, et pourtant on ne peut pas nier que cette motion ne lèse le principe de l'égalité sociale et qu'en reconstituant la domesticité elle ne tende à restaurer le servage. Car ce que le Premier-Délégué demande pour lui-même, les autres délégués aux divers départements ministériels le demanderont aussi pour eux ; puis, proportionnellement à leur importance, ce seront les directeurs d'administrations, les chefs magistrats, les préfets, les maires de grande ville, etc., etc., qui suivront le même exemple, et alors il n'y aura plus guère de limite à assigner à cet abus et c'en sera fait du principe d'égalité.

D'autre part, il serait inadmissible que la puissante machine de l'État démocratique, alors que les intérêts de toute une nation dépendent de la régularité de son fonctionnement, fût détraquée parce que le Premier-Délégué doit cirer ses bottines et recoudre ses boutons de culotte.

Cette question est, au fond, beaucoup plus sérieuse et d'une portée plus étendue que nombre de personnes ne se le figurent au premier abord. Pour moi, l'idée qu'il suffise d'une bourrasque aussi ridicule pour faire sombrer un politique de génie comme notre Premier-Délégué, pour éteindre la plus éclatante lumière de la Démocratie sociale, ne pourra jamais m'entrer dans la cervelle.

XVI

ÉMIGRATION

La fameuse crise ministérielle du cirage des bottines n'est pas encore conjurée. En attendant que le problème soit résolu, on a mis en vigueur la loi contre l'émigration, votée depuis plusieurs mois, qu'on avait laissée jusqu'à présent dormir à peu près inerte dans les cartons.

Cette mesure a amené encore des nuages dans notre petit ciel domestique. Ma femme, qui reste sombre et renfermée en elle-même, s'est emportée à ce propos contre ce qu'elle appelle une « intolérable tyrannie ». J'ai dû déployer beaucoup de patience pour lui démontrer son injustice et la logique de cette décision.

— Voyons, ma chère Louise, lui ai-je objecté, t'est-il jamais venu à l'esprit, sous l'ancien régime, de blâmer l'obligation où se trouvaient les jeunes gens de ne pas quitter le pays sans se mettre en règle avec l'autorité militaire? Non, n'est-ce pas? Eh bien! ici, c'est absolument le même cas.

— Pas du tout, a-t-elle répliqué. Ce n'était qu'une obligation temporaire, et puis ceux qui n'étaient pas du service actif restaient parfaitement libres, tandis que maintenant tout le monde est comme prisonnier et pour toujours.

— Parce que la base même de la Démocratie sociale est l'obligation universelle et personnelle du travail.

— Je me moque pas mal du *parce que!* Nous sommes tous prisonniers, voilà le fait!

— Ce n'est pas encore exact : l'interdiction de l'émigration non autorisée ne s'applique qu'aux citoyens et citoyennes soumis à cette obligation, soit de vingt à soixante ans, comme autrefois le service militaire...

— Comment donc ! interrompit-elle avec aigreur ; on laisse aux enfants, aux malades et aux vieux podagres la liberté de parcourir le monde. C'est admirable, en vérité ! Moi, j'appelle cela habiller le despotisme avec de l'hypocrisie.

— Tu te laisses aveugler par ton ressentiment personnel, ma chère amie. Ce qui montre clairement qu'il n'y a là ni despotisme ni hypocrisie, c'est que jusqu'à ce jour on a fermé fraternellement les yeux sur la fuite des anciens rentiers, des vieillards, de beaucoup de bourgeois de toute sorte. Mais est-il raisonnable, est-il possible de faire de même pour les gens qui doivent à l'État leur éducation, leur instruction et leur production ? Evidemment la force de travail de ces bourgeois qu'on a bénévolement laissés partir avec leur famille, entrait en ligne de compte dans le calcul général de la Collectivité ; mais ces gens-là, qui n'étaient bons à rien qu'à se laisser vivre, à signer des chèques, à donner des quittances et à s'amuser, auraient plutôt gâché l'ouvrage que rendu des services, de sorte qu'il n'y avait pas beaucoup d'inconvénient à se passer de leur concours. Le seul point important était de veiller à ce qu'ils n'emportassent pas leurs capitaux. Les écrivains, les artistes, il n'y avait pas grand mal non plus à les laisser filer. Comment utiliser ces gaillards-là dans l'organisation de notre industrie sociale ? Ils ne savent se servir que d'une plume de fer, d'un ébauchoir ou d'un pinceau gros comme une allumette ! Et ils regardent le travail manuel comme indigne de leur génie. Qu'ils s'en aillent au diable ! On a confisqué chez les bourgeois plus de tableaux qu'il n'en faut pour orner nos lieux publics, et il nous restera toujours assez de poètes pour célébrer, dans leurs loisirs, les bienfaits de la Démocratie collectiviste.

— Oh! oui, il y en aura toujours assez pour cela!

Ma femme se mit à rire avec ironie, et je vis clairement alors que nous n'étions plus, comme autrefois, une seule âme en deux corps. Certes, elle est toujours pleine de sollicitude pour ma santé, et elle continue à me témoigner une affection sincère ; mais je constate avec amertume que sa foi en la Démocratie sociale, naguère aussi solide que la mienne, est sérieusement ébranlée par la succession des petits événements qui ont changé les conditions anciennes de notre vie de famille. Je continuai néanmoins, car je sais qu'en matière de raisonnement il ne faut jamais se décourager, parce que telle vérité dédaignée au premier abord peut revenir plus tard à la mémoire et produire ensuite un revirement heureux.

— Je regrette cependant, lui dis-je, le départ des sculpteurs, qui empêche la glorification publique de nos grands citoyens. La statue de Proudhon, qu'on devait ériger au rond-point des Champs-Élysées, reste inachevée, et celles de Guesde, de Blanqui, de Marx, de Volders et autres sont encore à l'état de projet. Par exemple, des oiseaux qui ont bien fait de s'envoler, ce sont les journalistes. Je ne demande qu'une chose : c'est qu'il ne leur prenne pas fantaisie de revenir. Des gens dont la profession consiste à critiquer tout et toujours, à engendrer partout le mécontement, à exciter les passions égoïstes, à spéculer sur la versalitité humaine ! Guesde a écrit que « quiconque ne veut pas se plier à la volonté de la majorité et tente de détruire la discipline doit être évincé de la communauté. » Ils se sont évincés d'eux-mêmes : tant mieux, c'est de l'ouvrage économisé à la police.

— Je voudrais bien que nous soyons à leur place, soupira ma femme.

— Comment peux-tu dire une chose pareille, ma pauvre Louise! Nous sommes d'honnêtes travailleurs socialistes, nous, et l'œuvre immortelle à laquelle nous coopérons doit assurer le bonheur d'innombrables générations. Les quelques petits désagréments dont nous avons souffert, faute d'habitude, ne sont rien en comparaison du but élevé que nous devons atteindre. Et je ne comprends pas que des citoyens utiles, qui sont des gens instruits et consciencieux, passent la frontière en nombre toujours croissant pour aller dans des pays où la Démocratie sociale n'a pas encore triomphé.

— Moi, je le comprends très bien.

— Cette anomalie ne peut qu'être le résultat d'un absurde orgueil : ces hommes s'imaginent être au-dessus de nous, et ne veulent pas admettre que leur salaire ne soit pas supérieur à celui d'un honnête travailleur. Mais ces gens-là représentent des unités intégrantes de notre Collectivité sociale, des valeurs comparables à celles des soldats dans l'ancienne armée bourgeoise. Ils n'ont pas le droit de s'en retirer. On ne peut donc qu'approuver les mesures rigoureuses qui viennent d'être prises pour arrêter l'émigration.

Ma femme ne répondit pas et je crains d'avoir parlé en pure perte. Et pourtant, je sentais bien que j'avais raison.

Oui, certes, il est grand temps de fermer les frontières. On émigre en masse. Banquiers, industriels, commerçants, ingénieurs, architectes, chimistes, professeurs, médecins, pharmaciens, contremaîtres et même ouvriers spécialistes, tous ceux qui occupaient des situations avantageuses dans l'ancienne société, semblent atteints de la folie de la fuite. Il est urgent d'arrêter les progrès de cette épidémie.

L'embryon militaire conçu, il y a quelques mois, se trouve infiniment trop faible pour entreprendre une action d'ensemble, loin des grandes villes. Cet organisme va subir une extension proportionnée aux besoins du moment, dont le principal est la surveillance attentive des côtes et frontières.

En attendant, les postes et patrouilles actuellement en service ont reçu l'ordre de faire usage de leurs armes, sans aucun ménagement, contre les fugitifs.

Sans doute, il est fort regrettable de voir la Démocratie sociale retomber dans les errements du bourgeoisisme et restaurer peu à peu le vieil abus des armées permanentes, alors que la suppression de l'odieux « impôt du sang » était l'un des premiers articles du symbole socialiste. Mais le moyen de faire autrement?

Dans la période de transition que nous traversons, il faut, à la tête du gouvernement, un cerveau puissant et lucide servi par une main ferme. Je souhaite ardemment que nous puissions conserver longtemps notre vaillant Premier-Délégué!

XVII

DÉMISSION DU PREMIER-DÉLÉGUÉ

Mon espérance a été déçue. Le Premier-Délégué a maintenu sa démission, et c'est le président de la Convention qui a été élu à sa place.

En même temps, et toujours pour la même affaire, le ministère a subi un remaniement partiel. Il y a eu de grands dissentiments dans le cabinet, à propos de cette question des domestiques; finalement la majorité des Délégués s'est montrée hostile à l'innovation. Le gouvernement n'a pas osé assumer la responsabilité d'une pareille infraction au principe d'égalité, et la minorité a suivi le Premier-Délégué dans sa retraite.

Il faut bien reconnaître, si l'on est de bonne foi, que la logique est pour le gouvernement. Notre société collectiviste est un édifice méthodiquement construit : il peut s'écrouler si l'on en retire une seule pierre.

Je sais bien qu'en cette circonstance l'opinion con-

Il s'est promené tenant sous son bras un paquet de vêtements.

traire invoquait des arguments sérieux. Mais les principes doivent passer avant tout.

Le gouvernement avait proposé une transaction qui consistait à confier à des machines le soin de nettoyer les chaussures et les vêtements. Mais le Premier-Délégué n'a pas voulu attendre que ces machines fussent inventées. Il a préféré se retirer.

Son successeur passe pour un homme de caractère moins entier et d'humeur conciliante, qui ne veut se brouiller avec personne et aime à satisfaire autant que possible tous les désirs.

Il s'est montré aujourd'hui, malgré son élévation au premier poste de l'État, dans sa cantine ordinaire, a mangé avec la série correspondant à son numéro et s'est promené à pied sur les boulevards, tenant sous son bras un paquet de vêtements qu'il portait à l'établissement national de raccommodage de son quartier. On a parlé beaucoup de cette simplicité digne des temps antiques, qui a produit le meilleur effet dans le public.

XVIII

IMPRESSIONS D'ATELIER

Je suis enfin nommé contrôleur. Je le serais sans doute depuis longtemps, si j'avais usé de mes anciennes relations avec d'importants citoyens qui sont maintenant députés ou même membres du gouvernement. Mais je n'ai pas cru devoir user de ces influences; ces procédés, semblables à ceux en usage sous le régime capitaliste, blessaient mes convictions démocratiques.

J'avais simplement prié mon ami Cantaloube de m'obtenir, le cas échéant, une fonction quelconque en rapport avec ma capacité et avec mon âge. Il ne l'a point oublié et j'ai reçu ce matin avis de ma nomination.

Me voilà, par conséquent, dispensé de travailler comme ciseleur à l'atelier.

Dommage que François ne puisse pas de même lâcher sa casse et son composteur!

Ceci ne veut pas dire que nous méprisions notre travail professionnel. Nous y sommes attachés, au contraire. Mais il faut bien que je l'avoue, les choses ont pris, dans les ateliers, une tournure qui ne nous plaît pas du tout.

Un bon ouvrier ne travaille pas simplement pour

Le mot d'ordre est de travailler le moins possible.

gagner son pain, mais aussi par amour du métier. Il ne se hâte pas pour en avoir plus tôt fini avec sa tâche, il y met de l'amour-propre, fait l'ouvrage avec son esprit et sa conscience autant qu'avec sa main. C'est un artiste et non un manœuvre.

Malheureusement nos camarades sont, pour la plupart, fort éloignés de ces idées-là. Il semble maintenant que les ateliers soient des endroits où l'on va surtout tuer le temps, et le mot d'ordre général y est de travailler le moins diligemment qu'il est possible, pour ne pas dépasser son voisin. Or, comme le voisin est souvent un propre-à-rien, la besogne n'avance guère. On a aboli le travail aux pièces, comme incompatible avec l'égalité des salaires et du temps.

Et il paraît que ce n'est pas seulement à Paris que les choses vont ainsi, car François m'écrivait de Lille, ces jours-ci :

« La certitude de toucher un salaire fixe, sans plus ni moins, quels que soient le courage, l'intelligence, la paresse ou l'incapacité de l'ouvrier, engendre des abus auxquels je ne vois pas de remède. J'entends dire autour de moi : « Pas la peine de s'éreinter ; si l'ouvrage « n'est pas fini aujourd'hui, il fera jour demain. » L'assiduité et l'application passent pour de la naïveté ou de la roublardise, et sont mal vus des camarades. Ont-ils déjà si tort, d'ailleurs ? Avec le système actuel, il n'est pas plus avantageux d'être laborieux que d'être fainéant. On ne peut plus arriver par son travail, on n'est plus artisan de son propre bonheur : on subit le sort que vous font les autres. »

Les réflexions amères de mon fils aîné me peinent ; mais je suis bien obligé de constater que sa critique est justifiée.

On n'a pas idée de la quantité de matières premières, d'outils et de machines qui est gâtée par négligence, maladresse ou inattention. C'est véritablement attristant et incroyable. Si mes compagnons et apprentis avaient fait de même, à l'époque où je travaillais chez moi et où j'entreprenais pour mon compte une besogne d'ensemble pour laquelle j'avais besoin d'aides, je ne serais jamais parvenu à nouer les deux bouts.

Il y a quelques jours, j'ai été tellement indigné que je n'ai pu me retenir ; j'ai adressé à mes camarades d'atelier des remontrances qui recevront, j'en suis sûr, l'approbation de tous les bons citoyens :

— Collègues, leur ai-je dit, vous êtes tous, comme moi, de bons et fidèles socialistes; vous vous devez à vous-mêmes et vous devez à la collectivité d'accomplir consciencieusement la tâche qui vous est confiée. Notre devoir est d'utiliser le mieux possible, dans l'intérêt commun, la courte durée de nos huit heures de travail. Nos philosophes socialistes ont dit que la nouvelle organisation sociale développerait une atmosphère morale qui engendrerait une émulation générale. Nous devons prouver qu'ils ont vu et senti juste. Pensez, compagnons, que nous sommes maintenant délivrés des exploiteurs et des capitalistes, et que nous travaillons pour la communauté, qui a pour devise : « Un pour tous, tous pour un ! »

J'espérais être compris et je croyais provoquer un retour utile. Ce fut tout le contraire : je fus conspué et criblé de moqueries.

— Zut pour les huit heures, c'est quatre qu'on avait promis !

— Oh la la ! s'esquinter le tempérament pour une « socilliété » de 40 millions de particuliers qui ne se foulent pas la rate ! C'est pas à faire !

— As-tu fini, vieux troubade !

— Rengaine ton sermon, Bourdaloue !

— Mosieu a été dans les ordres ?

Quelqu'un s'est mis à chanter le refrain d'une vieille opérette intitulée : *Madame Angot*, qui a été aussitôt repris en chœur par tout l'atelier :

C'était bien la peine, vraiment,
De changer d'gouvernement !

Que faire avec de pareils aveugles ? J'ai haussé les épaules et repris mon burin.

Une mésaventure identique est arrivée à Lille, à François. Le supplément local du *Journal officiel*, qui s'imprime là-bas, ne paraît presque jamais à l'heure voulue, bien qu'il y ait à l'atelier moitié plus de typographes qu'il n'en faut pour le travail à exécuter. Plus la journée avance, plus on a bu de chopes de bière et plus les interversions et les coquilles se multiplient. Or, comme François était chargé, ces jours-ci, de remplacer le metteur en pages, indisposé, et qu'il voyait approcher l'heure du tirage sans que la composition du numéro fût prête, il jugea de son devoir d'intervenir auprès du personnel pour obtenir un peu de silence, d'ordre et d'activité. Il le fit avec calme et cordialité. En manière de réponse, l'atelier tout entier se mit à entonner une chanson en patois du cru, qui bafoue les patrons et les contremaîtres.

En réalité, il y a maintenant des patrons et des contremaîtres, tout comme autrefois; seulement, aujourd'hui, ils s'appellent gérants et surveillants, et ils sont élus par les ouvriers, qui ont le droit de les débarquer quand ils ont cessé de plaire. Il en résulte que ces dignitaires révocables mettent tous leurs soins à ne pas se brouiller avec leurs subordonnés, ni surtout avec les meneurs. De sorte que les esbrouffeurs sont les véritables puissances des ateliers.

Les citoyens consciencieux et habiles travailleurs, comme François et moi, sont mal vus et mal traités par leurs collègues et par conséquent par les surveillants; et néanmoins on ne peut pas plus quitter son atelier que le simple soldat ne peut lâcher le peloton où il est persécuté par son sergent.

Mais quoi, Rome n'a pas été bâtie en un jour. Cet esprit d'égoïsme et de révolte qui règne dans les ateliers, n'est-ce pas le détestable héritage d'une société où chacun ne pensait qu'à passer sur le ventre de son voisin et à vivre aux dépens des autres? Nos nouvelles maisons d'éducation, nos nouvelles écoles auront raison de ces relents de pourriture bourgeoise; elles sauront créer une atmosphère morale du sein de laquelle l'arbre de la Démocratie sociale poussera de vigoureux rameaux versant la fraîcheur et la félicité à toute l'humanité.

XIX

SOUCIS DE FAMILLE

Hier, dimanche, c'était grande fête pour ma femme : elle avait enfin reçu l'autorisation, vainement sollicitée jusqu'alors, d'aller voir notre petite Marie dans l'établissement où elle est maintenant élevée. Par raison d'ordre et d'égalité, les visites de parents sont réglementées par séries, suivant l'ordre alphabétique : une lettre par semaine, le dimanche, entre deux et cinq heures.

Les manières de la chère femme s'étaient adoucies de jour en jour à mesure que la semaine s'écoulait ; et samedi soir, elle m'avait presque tiré les larmes des yeux en me disant avec émotion :

— Joseph, je te prie de me pardonner mes humeurs noires. Je sais bien que je t'ai fait du chagrin... Faut pas m'en vouloir : je suis si malheureuse depuis qu'on nous a séparés de papa et des enfants ! C'était la plus grande calamité qui pût m'arriver... et... et je ne sais pas m'y accoutumer.

Enfin, hier, elle a passé joyeusement sa matinée à confectionner les petites friandises que l'enfant préférait, à nettoyer et à raccommoder ses poupées. Je la regardais du coin de l'œil, en lisant le *Journal officiel*, près de la fenêtre, et je m'en sentais attendri.

Nous sommes allés déjeuner de bonne heure à la cantine, pour éviter la cohue et être promptement placés ; puis, au retour, Louise a soigneusement empaqueté ses provisions et elle est partie d'un pas allègre. J'aurais aimé l'accompagner, mais j'étais obligé de rester au logis; par une coïncidence malheureuse, mon beau-père devait venir nous voir justement ce jour-là, et il ne fallait pas infliger à ce pauvre vieux la déception d'un visage de bois.

Un grand mécompte attendait ma femme, à l'entrée de l'établissement, qui est très loin de chez nous, à Passy . le concierge l'empêcha de passer avec son paquet, que, malgré toutes ses protestations, elle dut abandonner aux mains de ce fonctionnaire. Le règlement interdit aux enfants de posséder aucun jouet particulier, cette propriété étant contraire au principe de l'éducation socialiste ; et il en est de même pour les gâteaux et régals quelconques, qui engendreraient des jalousies, causeraient peut-être des querelles, et en tous cas, troubleraient la régularité des repas. Ma femme ignorait ce règlement, par la raison que dans l'établissement où elle travaille, elle est employée à la cuisine et ne sait rien de ce qui concerne l'hospitalisation proprement dite. De sorte que sa surprise et son mécontentement ont été très grands.

Louise est partie d'un pas allègre.

Son entrevue avec l'enfant n'a pas réalisé non plus toutes ses espérances. Après une séparation aussi longue, elle s'attendait, de la part de la petite, à une explosion de tendresse. Il n'en a rien été. Marie a été, au contraire, moins aimante, moins démonstrative, moins spontanée qu'elle ne l'était chez nous. L'affection des enfants, quand ils sont petits, est surtout faite d'habitude et d'égoïsme ; elle ne résiste guère à un changement de milieu.

Peut-être aussi Marie s'était-elle figuré que sa maman allait lui arriver toute chargée de joujoux et de bonbons, et a-t-elle éprouvé une déception en lui voyant les mains vides. Toujours est-il qu'elle s'est promptement lassée des caresses maternelles et qu'elle se montrait plus désireuse d'aller reprendre ses jeux avec ses petites camarades que de prolonger sa station au parloir.

Louise a trouvé la petite maigrie et pâlotte. Effet du changement d'existence et de nourriture, sans doute. Pas plus dans cet asile que dans les autres, d'ailleurs, les choses ne sont encore tout à fait d'aplomb, et puis il est bien clair que l'exploitation en grand est forcément uniforme pour tous, et ne peut se plier aux soins variés selon le tempérament ou les préférences de chaque individu. Ce sont les organismes individuels qui s'adapteront peu à peu à la méthode réglementaire.

Au surplus, l'observation de ma femme ne m'inquiète pas beaucoup ; elle ne l'aurait probablement pas faite, si Marie était à la maison, comme autrefois. Mais je comprends bien qu'à distance, sachant qu'elle ne peut surveiller et soigner l'enfant, elle se tourmente de rien.

Ma femme n'était pas encore rentrée, quand son père est arrivé chez nous. Le pauvre vieux s'affala sur une chaise, tout épuisé d'avoir gravi l'escalier sombre et mal commode de notre nouveau domicile. Il se montra désolé de ne pas rencontrer sa fille ; mais moi, je m'en réjouis, car les récriminations du vieillard auraient infailliblement augmenté le trouble de notre intérieur.

Ses plaintes, à vrai dire, ne portaient que sur des détails secondaires et sans importance. Mais les vieilles gens tiennent à leurs petites habitudes, qui deviennent à la longue une condition presque indispensable de leur bien-être ; et ses habitudes, à lui, ont été rompues un peu brusquement.

— Mais votre santé, grand-père, continue à être satisfaisante, c'est le principal, lui dis-je pour le calmer.

— Non, Joseph, répondit-il tristement; non, la santé elle-même n'est plus ce qu'elle était autrefois. Je ne peux plus dormir, il m'est venu des rhumatismes, j'ai du mal un peu partout et par moments je sens des picotements sur tout un côté, comme si j'avais des fourmis dans mes habits.

Je ne voyais dans son extérieur rien qui semblât justifier ces lamentations ; mais je réfléchis qu'isolé, comme il l'est maintenant, il n'est plus distrait de ses pensées, et n'a que trop de temps pour se tâter.

— Et puis, je m'ennuie, oh ! je m'ennuie ! continua-t-il, ce qui me confirma dans mon idée.

Chez nous, il s'occupait de mille petites choses ; il aimait surtout à rester auprès de moi dans mon atelier, où il s'efforçait de se rendre utile et de m'aider. L'oisiveté est terrible pour les vieilles personnes ; il leur faut une occupation quelconque pour conserver un intérêt dans la vie et les préserver d'une décadence morale et physique trop rapide.

Il attendit longtemps, espérant toujours voir arriver sa fille ; mais finalement, l'heure réglementaire de la rentrée approchant, il lui fallut bien s'en aller. Ce lui fut un si pénible moment, que je ne pus me résoudre à le laisser retourner tout seul ; je partis avec lui pour le reconduire à son hospice.

Malheureusement, mon fils Jacques vint pendant que l'appartement était vide et trouva porte close. En descendant, fort déconfit, il rencontra dans la cour un de ses anciens camarades, fils d'un voisin, qu'il pria de nous faire part de sa visite. En même temps, il raconta à son ami qu'il ne pouvait s'accoutumer à vivre hors de sa famille, qu'il avait en horreur l'établissement où il est interné, qu'on l'y obligeait à lire, à écrire, à étudier, alors qu'il détestait tout cela, qu'il voulait être ouvrier et ne pas apprendre autre chose que son métier.

Jacques a toujours eu ces idées-là. Il est de naissance adroit et ingénieux, et je suis certain qu'il ferait un ouvrier de premier ordre. Mais notre Délégué à l'Instruction publique est un adepte convaincu des théories de nos philosophes, basées sur l'égalité native des intelligences et des aptitudes, et il estime indispensable que la même éducation intellectuelle soit fournie à tous les citoyens jusqu'à l'âge de dix-huit ans, époque où doit seulement commencer leur éducation pratique. C'est là évidemment le fondement nécessaire de la future égalité sociale.

XX

DIVERTISSEMENTS POPULAIRES

Notre nouveau Premier-Délégué est décidément un homme très fort, qui s'entend à merveille à cultiver la popularité.

Il y a maintenant concert chaque soir dans tous les squares, parcs, jardins et places publics de Paris, et représentations — gratuites, bien entendu, — dans tous les théâtres, avec matinées en sus le dimanche. Et comme les anciens théâtres bourgeois étaient loin de fournir des espaces suffisants pour la clientèle actuelle, qui est tout le monde, on a affecté au service des plaisirs publics la plupart des grands locaux disponibles, à commencer par les églises. Celles-ci constituent à présent les endroits les plus recherchés, tant à cause de leur belle architecture intérieure que de leurs bonnes conditions acoustiques et hygiéniques. On y entend très bien, on y est à l'aise et l'on n'y souffre pas du manque d'air, comme dans certains petits théâtres d'autrefois.

Je sais bien qu'il est encore des personnes qui trouvent à redire à cette transformation, qui choque leurs idées. Mais c'est un préjugé de leur ancienne éducation, qui les empêche de déduire logiquement des conséquences des choses. Les biens d'Église ayant été déclarés propriétés nationales et l'État ne reconnaissant aucune religion, il est bien évident que les édifices affectés autrefois aux cultes doivent aujourd'hui recevoir une autre destination.

Il va sans dire aussi que le répertoire théâtral a été complètement changé. Gens de lettres et musiciens ont été chargés de composer d'autres pièces et des opéras nouveaux, conformes aux institutions démocratiques et à l'esprit socialiste, où les bienfaits du collectivisme et les horreurs de l'exploitation capitaliste apparaissent d'une manière vivante.

Tous les auteurs, je dois le dire, n'ont pas également réussi, et l'on ne peut nier que cette réforme théâtrale n'entraîne avec elle une certaine monotonie. Mais étant donnée l'influence profonde du théâtre sur l'esprit public, il faut reconnaître que ces représentations doivent produire un effet excellent en fortifiant les bons sentiments.

Au début, on avait négligé ce côté de la question, et l'on s'en est vite repenti. La liberté du théâtre était absolue : chacun en usait comme bon lui semblait. Qu'est-il arrivé ? c'est que les théâtres où l'on jouait les nouvelles pièces classiques de la Démocratie sociale restaient presque vides, tandis qu'on se battait pour entrer dans ceux qui représentaient des vaudevilles, des comédies ou des operas de l'ancien répertoire.

En présence de cet abus, le gouvernement s'est ému et a avisé au moyen d'introduire une organisation méthodique dans les plaisirs populaires. L'accès des théâtres est maintenant réglementé, comme toutes les autres fonctions de la vie publique. Les citoyens et citoyennes jouissent de la faculté de profiter de théâtres dûment déterminés, par séries, selon leur quartier et leur rue, et à des jours fixés. Quant aux places, elles sont tirées au sort par les contrôleurs, à mesure que les arrivants passent au tourniquet.

En ce qui me concerne, je n'ai pas à me louer des procédés de l'aveugle Fortune. Mais quoi ! heureux en ménage, malheureux au jeu : j'ai encore le meilleur lot. Ma femme et moi, nous sommes allés trois fois au théâtre, et chaque fois nous avons tiré de mauvaises places. Louise ne pouvait rien entendre et moi rien voir. Il est vrai qu'elle est un peu dure d'oreille et que j'ai la vue basse, deux conditions qui, au théâtre, s'accordent mal avec l'égalité sociale.

Il y a aussi, chaque soir, dans tous les quartiers, des bals publics organisés et administrés par l'autorité municipale. L'accès en est réglé comme celui des théâtres, et tous les citoyens et citoyennes, vieux ou jeunes, ont également droit à y prendre part. Ici comme là, il a fallu que le gouvernement s'occupât d'appliquer une réforme concordant avec nos institutions socialistes, et ce n'a pas été chose facile.

On a d'abord songé à donner son extension logique au précepte égalitaire formulé par l'immortel Bebel dans son admirable livre *La Femme* (*Die Frau*) : « La femme fait et reçoit des propositions de mariage » ; et l'on a décidé que cette maxime serait appliquée aux unions momentanées qu'exigent les danses.

On avait donc stipulé dans le règlement que les cavaliers et les dames prendraient alternativement l'initiative des invitations pour chaque danse. Mais cette innovation a engendré un tel désordre et provoqué des tumultes si violents qu'on a jugé prudent d'y renoncer.

On assure que, de dépit, beaucoup de vieilles demoiselles et de femmes mal loties par la nature se sont jetées dans l'opposition et ralliées au parti des « Jeunes », quoique ce titre s'adapte assez drôlement à leur état civil. La chose, si elle est exacte, a plus de portée qu'on ne serait tenté de le croire, et il se pourrait fort bien que l'admission des femmes au droit de vote entraînât des complications imprévues aux prochaines élections.

Vieille demoiselle de l'opposition.

Justement, on procède en ce moment aux travaux préliminaires des élections générales, ce qui n'est pas une mince besogne, car c'est toute une organisation nouvelle à combiner. Tout membre de la Collectivité, sans distinction de sexe, âgé de plus de vingt ans, est maintenant en possession du droit de suffrage. Le vote s'effectuera par listes départementales et le résultat du scrutin sera proportionnel, c'est-à-dire que le nombre des élus pour les divers partis dans chaque département sera proportionnel au nombre total de voix obtenu par lesdits partis. Ce système est certainement équitable et séduisant en théorie, mais j'ai peur qu'il ne donne lieu à de graves mécomptes dans la pratique.

XXI

EXPÉRIENCES MALHEUREUSES

Ma femme et Aline, notre future belle-fille, passent, depuis quelques jours, une partie de leurs nuits à travailler en secret. C'est une contravention : nul n'a le droit de contribuer à une surproduction par une prolongation quelconque de la durée légale du travail. Mon devoir de contrôleur me prescrirait de leur dresser procès-verbal ; mais ce serait un peu une trahison domestique, et d'ailleurs elles ne font pas partie de la section soumise à ma surveillance. De plus, à la rigueur, je puis considérer leur occupation comme affaire privée, encore que la confection des vêtements soit réservée aux ateliers publics et interdite aux particuliers. Car l'objet de leurs veilles est un costume neuf pour la jeune fille.

Comme on le pense bien, les langues des deux femmes marchent de pair avec leurs aiguilles. D'après ce que j'ai pu comprendre, elles n'auraient pas trouvé dans les magasins nationaux ce qu'elles voulaient, et alors elles ont décidé de faire la besogne elles-mêmes en transformant d'autres vêtements.

Toutes deux sont d'accord pour critiquer les nouveaux magasins. Étalage, réclame, envoi de prospectus et de prix courants, tout cela a cessé, de sorte — disent-elles — qu'on ne sait plus rien des nouveautés ni de la valeur des marchandises. La concurrence entre magasins rivaux n'existe naturellement plus, depuis que l'État a pris le monopole général ; et les préposés à la vente sont aussi secs et aussi brefs dans leur langage que les employés de chemins de fer. On ne peut tirer d'eux aucun avis, à peine un renseignement. Ils se cantonnent strictement dans leur fonction, qui est de troquer contre des bons de circulation, les produits

Pour ne pas se déranger ils répondent : nous n'avons pas cela.

qui leur sont confiés. Ainsi l'exige l'organisation méthodique de la production et de la consommation.

Il est, par conséquent, tout à fait indifférent à ces fonctionnaires que l'on achète ou que l'on n'achète point. Beaucoup d'entre eux sont de très médiocres serviteurs de la démocratie, qui désirent être dérangés le moins possible et considèrent visiblement les acheteurs comme de purs gêneurs.

Ils prennent un air rogue, dès que la porte s'ouvre, fâchés d'être interrompus dans leur conversation. Plus on se fait montrer d'objets, plus leur mauvaise grâce s'accentue, et plutôt que de se donner la peine d'aller chercher la marchandise demandée dans les réserves, ils n'hésitent pas à déclarer qu'elle n'existe pas.

S'il s'agit de vêtements confectionnés, c'est encore pis. L'essayage s'effectue aussi sommairement qu'autrefois à la caserne pour l'équipement des recrues. Le premier habit décroché est toujours parfait.

— Mais je ne peux pas entrer là-dedans !

Ça va comme un gant.

— Allons donc ! Ça vous va comme un gant.

— Beaucoup trop large. J'y flotte comme un bouchon dans une bouteille !

— Ça va comme un gant.

Quel que soit votre calibre personnel et le gabarit de la pelure, ça va toujours « comme un gant », au dire de ces gaillards-là.

Si, instruit par l'expérience, on renonce aux confections pour faire tailler sur mesure, les choses ne vont pas beaucoup mieux : l'essayage rencontre les mêmes difficultés et les conclusions sont identiques : « Comme un gant ! » Les retouches, si vous en exigez, sont expédiées à la diable et font pire que mieux, et il faut accepter le vêtement tout de même, ou bien intenter un procès à l'administration.

Or, les procès à l'administration, ils ont été de tout temps proverbiaux en France, et ils ne sont pas près de perdre leur réputation, qui a imperturbablement survécu à toutes les réformes, à toutes les révolutions, à tous les cataclysmes.

Il est vrai que, à présent, ils ne coûtent plus, comme autrefois, les yeux de la tête : la justice aujourd'hui est absolument et réellement gratuite.

Il a fallu pour cela décupler le nombre des juges et des avocats ; mais cette précaution est demeurée insuffisante, parce que les réclamations contre la malfaçon ou la mauvaise qualité des fournitures livrées par les ateliers nationaux, contre la nourriture fournie par les cantines, contre les défauts des logements, contre les abus d'autorité, contre l'impolitesse des préposés et autres fonctionnaires subalternes, pleuvent chaque jour, drues et serrées comme grêles en octobre.

Or, avec des audiences de huit heures, et bien que les avocats n'aient plus aucun intérêt à traîner les procès en longueur, les tribunaux, au lieu de pouvoir expédier leur besogne au jour le jour, entassent chaque soir un arriéré nouveau sur l'arriéré ancien, de sorte qu'ils ont sur la planche des dossiers plus ou moins pressants, âgés de plus d'une année.

Quant aux avocats, il paraît que, depuis la suppression de leurs honoraires et leur transformation en fonctionnaires publics, ils ont complètement changé d'allures : ils écoutent à peine les explications de leurs clients, bâclent les affaires sans les étudier, réservant leur sollicitude pour leur larynx, visiblement convaincus qu'ils dépenseront toujours trop de leur talent pour un salaire égal à celui d'un charpentier.

De tout cela il résulte que, malgré la gratuité de la justice et du barreau, les bonnes gens qui ne cherchent pas dans la poursuite d'un procès une facétie amusante, une distraction à la monotonie de leur existence, se résignent à prendre en patience les injustices et les avanies pour s'épargner des démarches, des pertes de temps et des tracas.

Il est véritablement affligeant de constater combien les attentats à la propriété se multiplient, malgré la suppression de l'or et de l'argent.

En ma qualité de contrôleur, j'aperçois maintenant, dans la coulisse, bien des choses qui précédemment échappaient à mon regard. Et j'en ai la mort dans l'âme.

La statistique criminelle accuse maintenant un total de détournements *connus*, sept fois supérieur à celui de la première année de l'ère socialiste. Des employés de tout ordre vendent couramment des marchandises volées à l'État, en échange d'une rémunération personnelle ou d'un service quelconque; d'autres mettent dans leur poche les bons de circulation qu'ils reçoivent des acheteurs ou bien, moyennant pourboire, *oublient* de détacher ces bons, et tâchent de boucher les trous de leur comptabilité en trompant d'autres clients sur la quantité ou la qualité de la marchandise vendue.

On signale aussi en grand nombre les vols de certificats d'argent, malgré les photographies de leurs propriétaires dont ces certificats sont munis. Cette mesure d'identité a été rendue illusoire dans la pratique par la multiplicité innombrable et la rapidité des transactions qui s'effectuent en un jour à Paris : il a été matériellement impossible d'empêcher ces certificats de passer de main en main et d'être utilisés par des tiers.

Enfin, les pots-de-vin de toute sorte, les promesses, les gratifications, les passe-droits, pour obtenir des places, des faveurs, des sinécures, pour arriver à changer de résidence ou pour troquer un travail fatigant contre une occupation agréable, sont redevenus d'un usage quotidien et j'ai regret d'avoir à ajouter que ces pratiques, déplorable réminiscence d'un régime abhorré, se sont acclimatées jusque dans les plus hautes sphères de l'administration.

J'ai appris ces choses navrantes dans les conférences périodiques que nous font les contrôleurs généraux, pour nous instruire des supercheries que nous avons à déjouer ou à dénoncer, dans l'intérêt supérieur de la collectivité.

Jusqu'à ce jour, j'avais endormi mes inquiétudes par l'espoir que toutes choses se régulariseraient et s'amélioreraient à mesure que l'on approcherait du terme de l'inévitable période de transition. Mais, à moins de fermer volontairement les yeux et la conscience, je suis bien obligé de reconnaître que le mal, au contraire, empire à chaque minute et sans relâche. Et tout à l'heure, j'ai eu l'humiliation d'entendre un de mes collègues du contrôle, notaire sous l'ancien régime, formuler en ces termes son jugement sur la situation :

« Le progrès de la criminalité est la conséquence même de la doctrine gouvernementale. Les hommes ne pouvant plus s'élever au-dessus des incapables et des méchants, ni améliorer leurs conditions d'existence par des efforts méritoires et des procédés légaux, concentrent leur pensée et leur action sur les moyens de se procurer illégalement les jouissances que le travail est impuissant à leur assurer. »

XXII

LA FUITE

Nous venons de passer par des épreuves terribles.

Dimanche, à l'aube, je fus tiré du sommeil par le tintement discret de la petite sonnette que j'ai posée à notre porte.

— Voilà une chose bien extraordinaire, dis-je à ma femme, que je vis réveillée aussi ; ai-je rêvé qu'on avait sonné ?

— Non, Joseph, c'est la vérité, on a sonné.

— C'est quelqu'un qui se sera trompé. Qui pourrait venir à cette heure ?

— Mais non, tiens, voilà qu'on resonne.

Alors je me vêtis sommairement, craignant en moi-même qu'il ne fût arrivé malheur au grand-père ou à l'un des enfants, et je courus ouvrir la porte.

— François! C'est notre fils François, Louise!... Ah! quelle heureuse surprise!

François, qui m'avait sauté au cou, s'élança ensuite vers sa mère, qui s'habillait à la hâte et ne manifesta pas autant d'étonnement que je l'aurais supposé.

— Et par quelle chance inespérée te trouves-tu à Paris, garçon, et si matin?

— J'arrive de Lille par le train de nuit, père, et je ne fais que passer. On m'envoie au Havre.

— C'est une disgrâce?

— Non. J'ai demandé mon changement pour un grand port. Je n'aime pas le climat flamand, et puis, ça n'allait plus, à l'atelier, depuis mon intérim de metteur en pages... J'ai préféré m'en aller.

— Du moment que c'est ton goût, tout est bien. Le Havre est encore plus près de nous que Lille. Je suppose que tu as averti Aline de ton passage et qu'elle va arriver?

— Oui... c'est-à-dire non... Je l'ai prévenue, mais, ne voulant pas la faire courir les rues de si bonne heure, je lui ai donné rendez-vous pour neuf heures à la gare Saint-Lazare.

— Pour neuf heures! Comment, pour neuf heures? Tu pars à neuf heures?

— Pas tout à fait. Par l'express de dix heures trente-cinq. Mais c'est bien le moins que nous passions une bonne heure ensemble, il y a si longtemps que nous ne nous sommes embrassés!

François resta auprès de nous jusqu'après huit heures et je fus touché de ses démonstrations d'affection. Bien qu'il eût été autrefois un enfant docile et aimant, il avait pris avec l'âge une allure mâle et plus réservée. Je ne l'avais jamais vu tel qu'il se montrait ce matin-là, et j'attribuai ce changement à sa longue abstinence de la famille.

Quand fut arrivé le moment de la séparation, François se leva, tout pâle et agité, et s'avança vers moi, en proie à une grande émotion.

— Père, dit-il, ce m'est un gros chagrin de te quitter... J'aurais tant aimé passer quelques jours à la maison... Enfin, il faut bien se faire une raison, ajouta-t-il avec un soupir. Père, embrasse-moi et... dis-moi que tu gardes de moi un bon souvenir!

— Oui, François, tu as toujours été un bon fils et tu resteras toujours un bon citoyen... Moi aussi, je suis bien triste de te voir partir si vite; mais le devoir avant tout, garçon. Te voilà déjà plus près, maintenant; prends patience, je parviendrai à te faire rappeler à Paris, l'un de ces jours!

Plus ému que je ne voulais le laisser paraître, je me raidissais contre moi-même pour donner l'exemple du stoïcisme. Mais je fus bien près de m'abandonner, à la vue des adieux qu'échangèrent le fils et la mère.

Ils ne pouvaient se détacher l'un de l'autre, sanglotaient, s'embrassaient éperdûment, comme s'il se fût agi d'une séparation éternelle.

— Tu nous écriras, n'est-ce pas, François? gémissait ma pauvre femme. Tu écriras souvent... souvent!... Tu ne nous oublieras pas?... Jamais, jamais?... Mon bon François... Mon cher enfant... Ah! Seigneur!... Ah! mon Dieu!...

Il s'en alla et, les yeux troubles, la gorge serrée, je le regardai tristement descendre l'escalier. Presque à chaque marche, il se retournait, m'envoyant des gestes d'adieu. Bientôt, je n'entendis plus que le bruit décroissant de ses pas. Puis tout fut fini. En rentrant dans l'appartement, je vis ma pauvre Louise pleurant à gros sanglots, écroulée sur le pied de son lit.

Le reste de la journée nous parut mortellement lugubre. J'espérais qu'Aline serait venue passer l'après-midi avec nous et je comptais sur sa présence pour tirer ma femme de sa prostration. Elle ne vint pas.

Quelques jours après — je crois que c'était mercredi, — je lisais le *Journal officiel* à ma femme pour tâcher de la distraire, et j'en étais aux nouvelles du jour, où l'on racontait un de ces incidents de frontière qui se reproduisent fréquemment depuis un certain temps : des patrouilles avaient fait feu sur des émigrants fugitifs.

— Où cela ?... Où cela? s'écria ma femme, se dressant tout à coup, pleine d'épouvante.

— Sur la côte, près de Saint-Malo.

Elle poussa un grand cri et s'affaissa, évanouie. Je me précipitai, je la transportai sur son lit, je lui prodiguai tous les soins que je pus imaginer, et peu à peu j'eus la satisfaction de la voir revenir au sentiment. Mais aussitôt, elle se prit à pleurer abondamment, et comme, alarmé de nouveau, je la pressais de questions, elle finit par me faire, au milieu de ses larmes, une épouvantable confidence.

François n'était pas au Havre, et Aline n'était plus à Paris. Tous deux étaient partis ensemble et en fraude, dimanche matin, pour Saint-Malo et Jersey, avec la résolution de fuir par ce côté le sol national.

Or, le *Journal officiel* annonçait que les gardes-côtes ayant aperçu une barque chargée de passagers, naviguant pour rejoindre le courrier anglais de Jersey, leur avaient fait sommation, par trois coups de fusil tirés en l'air, de stopper pour attendre la visite réglementaire, et que, l'embarcation suspecte n'ayant pas tenu compte des signaux, la patrouille avait ouvert le feu contre elle. Finalement le bateau de la marine avait réussi à la rejoindre; mais les rebelles avaient opposé une résistance désespérée et l'on s'était vu dans la nécessité d'employer la force. Il y avait des morts et des blessés;

les autres étaient détenus à la prison de Saint-Malo.

Nous passâmes des heures véritablement terribles, empoisonnées par l'incertitude et les angoisses, jusqu'à l'apparition du numéro suivant du *Journal officiel*, lequel publia la liste des victimes et des prisonniers. Les noms de François et d'Aline n'y figuraient point.

Les gardes-côtes ouvrirent le feu.

Qu'étaient devenus nos chers enfants? Nous nous égarions alors dans d'interminables conjectures.

Ma femme m'avait tout raconté. La résolution de François datait de loin. Dès avant son envoi à Lille, lors de la dernière fête de sa mère, il avait confié à celle-ci sa ferme intention de quitter la France, où l'état des choses lui était devenu insupportable; mais il avait exigé qu'on ne m'en parlât pas, parce que, connaissant l'austérité de mes principes et mon respect de la loi, il redoutait mon opposition. Ma femme, après avoir vainement cherché à le dissuader, avait fini par céder aux instances de son fils. Depuis longtemps elle avait conservé et tenait cachée, à mon insu, une petite somme en pièces d'or, qu'elle donna à François pour payer son passage à bord d'un navire étranger.

C'est d'Aline qu'était venue la résistance. Certes, elle était prête à suivre son fiancé au bout du monde, s'il le fallait; mais elle trouvait cruel de partir, laissant dans la peine, derrière eux, tout le reste de la famille. Mais bientôt sa propre situation — je viens seulement d'en être instruit — se compliqua de telle sorte que ses scrupules s'évanouirent.

Aline Prévost est une jeune fille honnêtement élevée, pleine de bon sens et de caractère droit. Devenue orpheline à seize ans, elle alla habiter avec une tante célibataire, honorable personne et habile ouvrière qui, à cette époque, travaillait à domicile pour un grand magasin du boulevard, et Aline épousa naturellement sa profession, qui les mettait à l'aise toutes les deux.

Maintenant c'était fini : il n'y avait plus de magasins particuliers de modes et confections. Il fallait que ces deux personnes allassent travailler dans les ateliers nationaux de couture et restassent chaque jour en compagnie de femmes de toute sorte, dont beaucoup étaient de mœurs légères.

Aline y entendait des conversations et des récits qui blessaient son honnêteté et y vit des choses qui la révoltèrent. Elle patienta d'abord, puis porta plainte aux chefs. Ce fut bien pis alors. Son joli visage et sa tournure gracieuse attirèrent l'attention d'un de ceux auxquels elle s'était adressée, et elle devint l'objet d'une persécution en règle. Invariablement repoussé, le personnage se vengea de ses résistances en l'accablant de chicanes de toute sorte sur son travail.

Il n'est malheureusement que trop vrai, beaucoup de directeurs maintenant regardent l'atelier dont ils ont la gérance comme leur propriété particulière et leurs ouvrières comme des esclaves qui leur sont offertes sans défense. Le même abus odieux existait autrefois dans les ateliers bourgeois, mais alors on avait toujours la faculté de se soustraire à cette abjecte tyrannie en changeant d'établissement, tandis qu'aujourd'hui ce n'est plus possible.

Aline.

Les hauts fonctionnaires n'ignorent pas cela, mais nombre d'entre eux ne font pas un meilleur usage de leur autorité et ont par conséquent de bonnes raisons de ne pas se montrer sévères pour des faiblesses qu'ils partagent. Dans ces conditions, il ne reste aux victimes d'autres ressources que de se faire justice elles-mêmes, et c'est ce qui arrive journellement.

Aucune séance des commissions de contrôle ne se passe sans qu'il n'y soit question de sévices graves ayant presque tous même origine : père, frère, mari ou amant qui a joué des mains, du couteau ou du revolver, femme ou fille qui s'est défendue à coups de ciseaux ou vengée avec du vitriol.

Aussi, ce fut bientôt Aline qui pressa François de précipiter ses desseins, et nul stimulant ne pouvait être plus énergique pour lui que le genre de plaintes dont la jeune fille lui faisait confidence.

Ma femme, qui était au courant de tout, aida activement Aline dans ses derniers préparatifs, dont faisaient partie les travaux de couture secrètement effectués à la maison pendant certaines nuits. Et c'est ainsi qu'on était arrivé au dimanche fixé pour la mise à exécution du périlleux projet.

Une grande semaine s'écoula pour nous dans de pénibles alternatives d'espoirs et d'inquiétudes. Enfin, nous reçûmes une lettre de Jersey qui dissipa les ténèbres de notre âme et nous rendit quelque tranquillité d'esprit.

Nos enfants ne se trouvaient pas sur la barque capturée à Saint-Malo. Ils s'étaient rendus chez un pêcheur, parent de la mère d'Aline, qui les avait bien reçus, leur avait gardé fidèlement le secret, et les avait conduits lui-même dans son propre bateau à Saint-Hélier.

En général, d'ailleurs, les populations côtières sont hostiles au nouvel ordre de choses, parce que celui-ci les a privées du bénéfice des bains de mer. Les stations balnéaires, aussi jolies que frivoles, n'existent plus : l'Etat socialiste n'autorise plus les bains de mer que pour les valétudinaires, sur ordonnance d'une commission médicale.

C'est sur le conseil de ce brave pêcheur que le jeune couple renonça à chercher à prendre passage sur les vapeurs qui font le service régulier et surtout à associer ses destinées à celles d'autres fugitifs.

— Il nous en arrive tous les jours et de plus en plus, que c'est une vraie pitié, leur dit ce loup de mer; souvent, ils se réunissent et se cotisent pour louer une barque... Vous savez, les gars de la côte n'ont pas froid aux yeux. Ceux qui s'en allaient précédemment à Islande ou à Terre-Neuve, ne sont pas gens à flancher quand il s'agit de gagner un jaunet de l'heure en souquant pour rire... La moitié du temps, ils se font pincer : ces gueux de gabelous ont toujours le nez en l'air. On les colle en prison eux et leur cargaison, quand ils n'attrapent pas des coups de fusil. Mais ils s'en fichent : ce qui est gagné est gagné, et on sait bien que ce sale gouvernement ne durera pas toujours. Ayez pas peur, mes agneaux, appelez-moi failli chien si je ne vous débarque pas gentiment à Jersey! Donnez-moi une pièce pour chacun des trois camarades

Les ayant cachés dans son bateau, il prit la mer.

et attendez le coup de sifflet. Jusque-là, je vous garde à fond de cale.

Et l'honnête marin, pour lequel nos enfants expriment une grande reconnaissance, attendit une marée de nuit pour les embarquer et, les ayant cachés sous le petit rouf de son bateau, prit la mer hardiment à la barbe des gardes-côtes, comme pour sa pêche quotidienne.

Les Anglais haïssent notre Démocratie, parce que

leur commerce souffre terriblement depuis que le marché français leur est fermé, et les Jerséens la craignent parce qu'ils redoutent une annexion qui renverserait les abus séculaires auxquels ils restent bizarrement attachés, malgré les progrès qui se sont accomplis autour d'eux. François et Aline furent accueillis avec sympathie, à Saint-Hélier, où l'on devina de suite le motif de leur arrivée. On leur a fourni tous les renseignements dont ils avaient besoin, et à l'heure actuelle, ils doivent être en Angleterre, peut-être même à bord du transatlantique qui doit les conduire à New-York.

Pauvres enfants ! Par quelles émotions, par quelles transes, par quelles difficultés ils ont passé ! Et ma pauvre femme, qui a renfermé en elle-même si longtemps ses pensées et ses inquiétudes, comment pourrai-je jamais l'indemniser de tant de peines et reconnaître son abnégation maternelle ?

XXIII

NOUVEAU CHANGEMENT DE PREMIER-DÉLÉGUÉ

Les nouvelles de province sont mauvaises. On dit qu'un déplorable esprit de rébellion souffle à travers les campagnes.

Il paraît que l'institution des concerts quotidiens et des représentations gratuites à Paris, a eu pour contre-coup, dans le reste du territoire national, un prurit d'envie aussi inquiétant qu'insensé.

Dans quelques grandes villes, à Marseille, à Lille, à Lyon, à Bordeaux, à Nantes, etc., on a pu assez aisément éteindre ces jalousies en créant des plaisirs analogues. Mais il n'en a pas été de même dans les localités de moindre importance, et là on proteste au nom de l'égalité sociale et l'on exige, en se basant sur l'obligation d'accorder au travail un salaire partout égal, l'organisation de divertissements publics semblables à ceux dont jouissent les Parisiens. Dans les villages, où l'on est privé de gaz, d'éclairage électrique, de calorifères, la fermentation du mécontentement est plus grande encore.

Les choses ont pris une assez vilaine tournure pour que le gouvernement s'en émeuve. Il a fait publier par le *Journal officiel* une série d'articles très étudiés, dans lesquels étaient dépeints avec beaucoup de talent les avantages de la vie naturelle, les charmes de la campagne, la poésie des champs et des bois, les conséquences heureuses qu'entraîne pour la santé le travail dans un air pur ; ces articles n'ont pas été compris : ceux à qui ils s'adressaient les ont considérés comme des moqueries, et des lettres de protestation sont arrivées de tous côtés :

— « Nous voudrions bien, écrivaient les uns, vous voir patauger dans les chemins de terre, sous la pluie ou dans la neige, et passer les longues soirées d'hiver sous un chaume enfumé à la lueur d'un crachet ou d'une chandelle. Vous ne trouveriez pas alors que tout est jouissance dans la contemplation de la nature ! »

— « Le travail dans l'air pur ! s'exclamaient les autres. Sans doute, vous n'avez jamais quitté les rues magnifiques de la capitale, autrement vous sauriez que l'on n'est pas à l'air pour battre en grange et soigner les étables. »

Le *Journal officiel* a cru fermer la bouche aux récriminants en faisant observer que la Démocratie sociale n'avait rien changé à la vie rurale, dont les durs labeurs ont été les mêmes dans tous les temps ; mais on lui a aussitôt administré une riposte qui l'a mis dans l'embarras :

— « Oui, le travail de la terre est un dur travail depuis que le monde est monde, c'est parfaitement vrai. Mais autrefois, l'entreprenait qui voulait. Ceux qui n'étaient pas de force à le supporter ou qui n'en avaient pas le goût ou bien encore à qui il cessait de plaire s'en allaient à la ville chercher une autre occupation à leur fantaisie, tandis qu'à présent le paysan est lié à la glèbe, comme les serfs du temps passé, jusqu'à ce qu'il convienne à l'autorité de le déplacer. Par conséquent, la justice veut qu'on donne aux travailleurs de la campagne exactement les mêmes avantages qu'on donne aux travailleurs des villes. Le pacte fondamental porte en toutes lettres : Egalité de droits en regard de l'égalité de devoirs. »

Le Délégué aux Finances.

Le Premier-Délégué n'a pas su se tirer d'affaire. Il est beaucoup plus difficile de gouverner une nation que de cirer des bottines et de brosser des habits. L'institution des plaisirs publics était sa seule innovation réussie et toute sa popularité venait de là. Mais, avec la meilleure volonté du monde, il ne pouvait pas appliquer également cette idée sur tous les points du pays, créer des concerts quotidiens sur toutes les grandes routes et organiser des cirques et des théâtres dans tous les villages.

En présence d'une situation aussi embarrassée et à la veille des élections parlementaires, que pouvait-on faire, si ce n'est sacrifier le Premier-Délégué, en lui attribuant la responsabilité de la mésaventure? On n'y a pas manqué, et le chef du gouvernement a docilement donné sa démission.

En même temps, pour supprimer la cause même du mécontentement public, tous les divertissements gratuits ont été suspendus, et maintenant on ne peut plus entrer au théâtre ou aller au concert qu'en achetant sa place avec un coupon de circulation, comme devant. Cette mesure radicale exercera-t-elle une influence favorable sur les prochaines élections? En province peut-être, mais ici j'en doute, car les Parisiens sont fort irrités de ce sevrage de plaisirs.

C'est le Délégué aux Finances qui est élu pour occuper la première magistrature. Il passait pour très capable dans sa spécialité et on le dit de caractère décidé. C'est bien l'homme qu'il nous faut en ce moment, si l'on doit croire fondés les bruits qui se colportent de la bouche à l'oreille. Il y aurait un déficit énorme; le gouvernement se trouverait dans l'impossibilité de mettre en équilibre les dépenses et les recettes de notre société socialisée.

XXIV

COMPLICATIONS EXTÉRIEURES

Les arsenaux maritimes de Toulon, Rochefort et Brest travaillent à pleins bras. On radoube, on répare, on arme à la hâte toute la flotte de guerre de l'ancien gouvernement, qu'on avait remisée et désemparée après notre grande Révolution. L'armée de terre qui, par augmentations successives et pour le maintien de l'ordre, avait été élevée au chiffre de 400,000 hommes, va être portée au total de 800,000 sous l'influence du nouveau Premier-Délégué et en prévision des dangers extérieurs qui nous menacent.

Ces résolutions ont été prises dans la dernière séance des membres du gouvernement, où le Délégué aux Affaires Étrangères a exposé sincèrement la situation inquiétante qui résulte pour notre pays des revendications, des froissements, des complications de toute sorte qui se produisent dans nos rapports avec l'étranger.

Il ne serait pas juste d'en imputer la faute au Délégué des Affaires Étrangères. Dans notre Démocratie sociale, c'est ce ministre qui est l'intermédiaire officiel pour toutes les questions de trafic international.

C'est à lui, par conséquent, que sont adressées, par voie diplomatique, les réclamations et demandes d'indemnités basées sur la mauvaise qualité et les retards de livraison des produits de nos ateliers nationaux; et c'est encore à lui qu'incombe la tâche malaisée de soutenir les intérêts de la collectivité française et de négocier sur ce terrain désavantageux.

Ces difficultés commerciales existaient autrefois comme aujourd'hui : en tout temps on a vu des désaccords s'élever entre un acheteur et un vendeur, ou des destinataires chicaneurs refusant une marchandise pour obtenir un rabais, ou bien encore des fabricants malhonnêtes expédiant des produits non conformes à l'échantillon. Mais autrefois ces démêlés restaient conflits privés, qu'un tribunal de commerce suffisait à apaiser, tandis qu'avec nos nouvelles institutions politiques ils se dressent d'État à État et prennent aussitôt, par là même, les proportions d'un incident international.

Le Délégué aux Affaires Étrangères a prononcé devant la Convention un discours admirable pour expliquer et justifier les résolutions du Cabinet.

Il a expliqué que notre démocratie sociale est en butte aux malveillances systématiques des puissances étrangères, notamment de l'Angleterre et des Etats-Unis, qui refusent de reconnaître les conséquences de l'abolition de la Dette publique, des titres et des valeurs. Il paraît que ces adorateurs du Veau d'or s'obstinent à réclamer les arrérages des anciennes rentes et ne veulent plus accepter nos produits fabriqués en paiement des denrées et matières premières dont la France est obligée de s'approvisionner chez eux.

Aussi longtemps que notre gouvernement a pu les solder avec le stock métallique dont il disposait, par suite de la socialisation des capitaux privés, tout à marché très bien ; mais maintenant que toute la réserve d'or et d'argent est épuisée, qu'il ont drainé à leur profit lingots et monnaies, ils jettent le masque et ferment boutique, sous prétexte que nos produits sont de plus en plus défectueux. A ce propos, le délégué a dénoncé à la conscience publique le relâchement et la négligence qui se manifestent dans le travail national, et qui ont eu précisément pour effet de fournir aux ennemis de notre démocratie l'argument dont ils usent contre nous en ce moment. L'éminent orateur a conclu ainsi qu'il suit :

« Pour les causes que j'ai précédemment exposées, un déséquilibre croissant s'accuse entre l'actif et le passif de notre Démocratie sociale ; il appartient à chaque citoyen d'y porter remède en ce qui le concerne. D'autre part, nous nous trouvons en présence de réclamations diplomatiques dont l'allure a cessé d'être conciliante pour affecter un caractère comminatoire. Déjà, des feuilles publiques de l'étranger ont insinué que la France, incapable de nourrir sa population, se soulagerait en cédant quelques-unes de ses provinces aux États voisins, et d'autres, plus audacieuses encore, ont osé disserter sur la question de savoir s'il n'était pas opportun pour leur gouvernement de saisir ces mêmes provinces *manu militari* en garantie de leurs prétendues créances. Ajouterai-je que tous les jours de simples sujets étrangers, armés d'arrêts de leurs tribunaux, mettent l'embargo sur nos marchandises et même sur nos navires, sous couleur de se couvrir de la valeur de titres ou actions annulés? Qu'enfin les relations diplomatiques, déjà si tendues, sont rendues plus acerbes encore par le concours ouvertement accordé à l'émigration clandestine par les autorités étrangères? La conclusion, qui se déduit d'elle-même, est que le grave et pressant devoir de se mettre en garde contre toute surprise, contre toute entreprise, contre toute agression, s'impose à notre Démocratie sociale, et c'est pourquoi notre gouvernement a été unanime dans la résolution de proposer à la Convention la mise sur le pied de guerre de l'armée et de la flotte. »

L'émoi a été extrêmement vif dans le public, à la lecture de ce discours publié le lendemain matin par le *Journal officiel.*

On ne parlait que de cela en tous lieux, mais surtout dans les cantines et les buvettes. Sur les boulevards de nombreux groupes s'étaient formés, où l'on pérorait, où l'on discutait le pour et le contre avec une égale véhémence, et peut-être des manifestations contradictoires se seraient-elles organisées, si une pluie torrentielle n'était survenue à propos.

— Eh bien! mon pauvre Joseph, me dit ma femme, quand j'eus terminé la lecture du compte rendu de la séance parlementaire, que penses-tu de tout cela, toi qui croyais que l'établissement de la Démocratie sociale amènerait la paix éternelle et la fraternité entre les peuples?

Cette remarque me contraria beaucoup, car elle fit vibrer douloureusement la corde du doute que je sentais se tendre en dépit de ma volonté, tout au fond de moi-même, et, en même temps qu'elle précisait mes appréhensions personnelles, elle blessait mes convictions les plus chères.

XXV

AGITATION ÉLECTORALE

C'est dimanche prochain qu'ont lieu les élections législatives. Grosse, très grosse affaire. Le résultat du scrutin a aujourd'hui une portée bien autrement importante qu'au temps jadis. On peut dire que maintenant il influe sur toutes choses, depuis le boire et le manger jusqu'à la somme individuelle du travail, au logement et même à l'habillement.

Dans l'ancienne société, chaque personne étant indépendante de l'ensemble, ayant sa volonté propre, réglant sa conduite au gré de sa fantaisie, la votation était considérée comme une formalité souvent ennuyeuse et les élus comme des obligés n'exerçant qu'une influence restreinte et indirecte.

A présent, c'est tout différent : tous les actes de la vie de tous les citoyens, les plus indispensables comme les plus futiles, peuvent être modifiés par l'intervention parlementaire : il suffit pour cela qu'une motion issue de l'initiative d'un député soit présentée assez habilement pour entraîner majorité.

Dans ces conditions, on comprend combien les citoyens avisés et réfléchis sont préoccupés par la perspective prochaine des élections. Et celles-ci se présentent, ma sincérité de vieux démocrate socialiste m'oblige à le constater ici, sous un aspect fort inusité.

La confusion est extrême matériellement et moralement. Je me suis amusé, tout à l'heure, à noter quelques-unes des professions de foi qui couvrent de leurs placards multicolores la palissade d'un chantier voisin de notre logis; elles témoignent clairement du mécontentement public.

Ce sont d'abord les Réformistes, qui réclament la réduction de la journée à six heures, le doublement de la durée et l'amélioration des repas, l'agrandissement des logements, le rétablissement des divertissements publics. Ce sont ensuite les Libertaires qui protestent contre les atteintes à la liberté, contre l'égalité des salaires, contre la dissolution de la famille, contre l'ingérence administrative dans l'attribution des professions, contre l'institution des cantines publiques. Ce sont aussi les Féministes qui veulent un collège électoral spécial pour les femmes et le rétablissement du mariage légal. Ce sont enfin les Jeunes, qui se montrent d'une véhémence extraordinaire, reprochent au gouvernement d'être pire que les anciennes tyrannies, d'avoir confisqué la Révolution, et qui exigent la journée de quatre heures, le roulement périodique de toutes les professions, y compris les plus hautes fonctions publiques, un mois de vacances avec voyage gratuit par an pour tout le monde, l'extension des divertissements publics à toute la France.

Au milieu de ce déchaînement d'exigences, le parti du gouvernement se distingue par son assurance calme et sa sobriété. Après avoir rappelé la transformation totale qu'a subie la société française, sous son influence, les travaux gigantesques accomplis par son initiative et par ses soins, il adjure la nation de ne pas compromettre les résultats acquis au prix de si longs efforts et de tant de sacrifices.

Ceux qui liront ces choses, quand je ne serai plus, se figureront sans doute qu'au moment où j'écris ces lignes Paris est en proie à une prodigieuse effervescence. Ils se tromperont considérablement. Les affiches seules flamboient ; les rues ont gardé leur aspect accoutumé et chacun va son petit train habituel, tout comme s'il n'y avait pas la moindre élection en perspective.

La raison de cette anomalie ? Elle est bien simple : ce qu'on appelait autrefois les « libertés électorales » n'existe plus.

Toutes les lois restrictives de la liberté ont été, il est vrai, officiellement abrogées, dès le lendemain de notre Révolution sociale, et conséquemment chacun a le droit de penser, d'écrire et de dire ce qu'il veut. Mais pour écrire, il faut des journaux ; or, il n'y a plus d'autre journal en France que le *Journal officiel*, lequel est dans les mains du gouvernement et n'imprime que ce qui plaît au gouvernement. Pour parler, il faut des réunions publiques ; or, toutes les salles appartiennent à l'État, et le gouvernement, qui en dispose comme il l'entend, a mille et un moyens pour ne pas les laisser à la discrétion des partis adverses. De plus, comme personne n'a plus d'argent, en dehors des carnets de bons dont chacun a besoin pour vivre, il est matériellement impossible aux partis d'opposition de réunir par souscription les fonds indispensables à toute campagne électorale.

D'autre part, j'ai entendu des vétérans de notre parti, solides démocrates-socialistes, éprouvés par mainte bataille au temps jadis, se plaindre amèrement de l'avilissement des caractères, de la lâcheté générale et aussi de la pression administrative.

— C'est écœurant, disaient-ils. Du moment qu'il est question de la moindre divergence de vues avec le gouvernement, tout le monde se défile : on ne trouve plus personne pour prendre la parole dans une réunion, ni pour accepter une candidature. Ils ont tous peur d'être notés comme opposants et expédiés lestement dans quelque trou de province ou collés par disgrâce dans une profession abjecte. Avec des trembleurs comme ça et les procédés césariens de l'administration, les vieux de la vieille de notre espèce n'ont plus qu'à regarder faire des bêtises et à se manger les poings !

Il est certain que ces abus sont très blâmables, et je sais malheureusement des exemples qui justifient la réserve des « trembleurs ». Les transportations d'urgence sont déjà fort désagréables pour les jeunes gens célibataires ; elles deviennent d'abominables calamités pour des personnes d'âge et pour les gens mariés.

Ainsi, moi, par exemple, s'il plaisait au gouvernement de m'envoyer, sans autre forme de procès, à Marseille ou à Brest, je me verrais séparé de ma pauvre Louise, sans certitude de jamais la revoir en ce monde, et certainement je préférerais mourir tout de suite.

A la vérité, il me resterait la ressource d'adresser une réclamation à la Commission parlementaire du Travail. Mais on sait ce que valent ces moyens-là ; il est toujours facile au gouvernement de prouver à sa manière le bien-fondé de la décision prise.

Aussi, malgré mes anciennes relations avec plusieurs des personnages qui occupent aujourd'hui de grandes positions dans le gouvernement, me garderais-je bien de me mêler aux intrigues politiques. D'autant plus que je crains d'être déjà devenu un peu suspect par suite de l'émigration de François.

Je ne sais même pas encore dans quel sens je vais voter. D'abord, parce que je comprends très bien que, si la plupart des réformes demandées par les partis d'opposition sont impossibles à réaliser ou bien mèneraient tout droit au rétablissement des institutions capitalistes que l'on a eu tant de peine à renverser, il est en revanche plus d'une de ces protestations qui est fondée et plus d'une amélioration nécessaire et pratique. Ensuite, parce que je n'ai qu'une confiance fort limitée dans le respect des fonctionnaires préposés au scrutin pour le secret du vote commandé par la loi. La Convention a eu le tort de rejeter le projet de loi instituant le vote sous enveloppe estampillée, de sorte que l'on procède toujours par bulletin nu, comme sous l'ancien régime. Il en résulte qu'il suffit de la plus légère différence de papier pour trahir, aux yeux exercés des membres du bureau, le secret de l'électeur. Je reste donc perplexe et indécis.

La situation générale, d'ailleurs, est loin d'être favorable, d'après ce que j'ai entendu dire dans nos séances de contrôle. Il est hors de doute qu'une dangereuse effervescence travaille les esprits en province, surtout dans les campagnes, plus encore qu'à Paris. Déjà des conflits sanglants ont éclaté sur divers points, notamment en Bretagne et en Auvergne, entre les populations rurales et les troupes envoyées pour imposer l'organisation socialiste. Il y a, comme on dit, de l'orage dans l'air, et l'on a l'impression qu'il suffirait du moindre choc extérieur pour déterminer une explosion générale et formidable.

Avec cela, le gouvernement n'est même pas sûr de l'armée, et il paraît que c'est pour cela qu'il a retardé jusqu'à présent le rétablissement normal de la garnison de Paris. Il n'a confiance que dans la Garde sociale, qu'il a composée de socialistes irréductibles minutieusement raccolés dans tous les départements ; cette milice atteint maintenant le joli effectif de 50.000 hommes, comprenant de la cavalerie, de l'artillerie et du génie.

Au moment où j'écris ceci, le résultat des élections est donc tout à fait incertain. Il me paraît évident que si la volonté nationale peut s'exprimer librement, nous allons avoir une Chambre favorable à la restauration de l'ancien régime. Au contraire, si le suffrage universel est muselé par l'administration et si la crainte le paralyse, la future Convention ne sera pas autre chose qu'un instrument passif et aveugle dans les mains du gouvernement.

XXVI

TRISTE NOUVELLE

Notre pauvre chère petite Marie est morte !

Je ne peux me persuader que ce petit être charmant et tendre qui, il y a peu de mois, sautillait et gazouillait autour de nous, n'est plus qu'un cadavre raide et glacé, que ses bras qu'elle jetait si gentiment autour de mon cou sont à jamais inertes, que ses grands yeux bruns, doux et naïfs, sont éteints et clos pour toujours.

Malheur ! Depuis que cette abominable nouvelle m'est arrivée, je suis comme une âme en peine ; il me manque une partie de ma vie.

C'était aujourd'hui le jour de naissance de l'enfant, et ma femme était partie de bonne heure pour l'établissement. Bien que ce ne fût pas son tour de visite, elle comptait arriver à voir la petite par un moyen ou par un autre.

En arrivant, le cœur joyeux et le sourire aux lèvres, elle est toute ravie de voir qu'on ne fait aucune difficulté pour l'introduire auprès de la gardienne principale, à laquelle elle avait résolu de s'adresser directement.

Mais elle fut surprise de l'air embarrassé de cette dame, quand elle lui demanda la faveur de voir sa fillette.

— Je sais bien que je ne suis pas en règle, risqua

ma femme, redoutant un refus; mais j'ai confiance en votre bonté. Mon mari n'est pas bien portant, je ne suis pas sûre de pouvoir venir au jour réglementaire, et ce serait un grand chagrin pour moi de rester privée pendant deux mois d'embrasser mon enfant.

— Mais, madame Martin, je suis... N'avez-vous pas reçu ce matin un avis de l'administration ?

Louise se précipita sur le petit cadavre.

— Non, j'ai dû partir très tôt, car nous habitons loin d'ici.

— Alors, madame Martin, j'ai le pénible devoir de vous...

— Oh ! je vous en conjure, soyez bonne et ne me refusez pas !

— Vous ne me comprenez pas, madame Martin. Je ne veux pas vous empêcher de voir la pauvre petite...

Ma femme frémit et s'écria, pleine d'angoisse :

— Grand Dieu! Marie est malade!

— Hélas! mieux vaut encore que vous appreniez ici la triste vérité... L'enfant a succombé cette nuit...

Ma pauvre femme jeta un cri terrible et tomba raide sur une chaise. Mais elle se releva aussitôt, en proie à une surexcitation fébrile.

— Non, non! s'écria-t-elle, ce n'est pas possible! On s'est trompé... ces gens n'y connaissent rien. Ce n'est pas vrai, c'est une erreur... Marie? Allons donc!... Je veux la voir... tout de suite. Où est-elle? Où est mon enfant? Conduisez-moi, madame, je vous en prie!

Alors, la directrice la mena dans la salle des décès, où la pauvre chère petite créature était couchée dans sa longue chemise de nuit rouge sur un des lits funèbres. A cette vue, ma femme devint comme folle; elle se précipita sur le petit cadavre, le saisit dans ses bras, le couvrit de caresses et de baisers, lui adressant au milieu de ses sanglots des appels passionnés. Ce fut une scène épouvantable.

Pendant ce temps-là, moi, j'avais reçu l'avis imprimé qui me notifiait administrativement, sans explication ni ménagement, que « la nommée Marie Martin, enfant du sexe féminin, âgée de neuf ans, était décédée à l'établissement national de Passy, le... » et j'en avais éprouvé une inexprimable commotion. Aussitôt, je m'étais mis en chemin, la tête perdue, le cœur brisé, et je trouvai, en arrivant dans ce lieu maudit, ma pauvre Louise dans un état voisin de la démence. Je me forçai à oublier ma propre douleur, pour tâcher de ramener ma femme à la raison.

Comment cette catastrophe était-elle survenue? Personne n'a pu le dire. L'enfant a pris froid, sans doute. Déjà, chez nous, elle avait l'habitude de se découvrir en dormant; mais alors sa mère veillait sur elle, et, nous qui savions cela, nous ne manquions pas d'aller la recouvrir. On n'a pas de ces soins-là dans les établissements où les enfants se comptent par centaines. La ventilation réglementaire entretient constamment un courant d'air frais dans les dortoirs ; c'est hygiénique pour les enfants qui restent sous leurs couvertures, et cela devient mortel pour ceux qui s'agitent dans leur sommeil.

Peut-être aussi l'a-t-on laissée se rhabiller, encore mouillée, après le bain hebdomadaire ; dans ces grandes casernes, bien des choses doivent se faire sommairement. Peut-être bien encore le changement de nourriture lui a-t-il ôté l'appétit et l'a-t-il rendue plus faible et par suite moins résistante qu'à la maison. Que sais-je ! Mais à quoi bon se creuser la tête maintenant? Toutes les conjectures du monde, fussent-elles justes, ne rendront pas la vie à la pauvre petite.

Ce malheur terrible, qui est venu empoisonner mon existence, en traine un autre après lui, qui achève de me désespérer : l'état de ma pauvre femme était tel, malgré mes efforts pour la calmer, qu'il a fallu la conduire directement de l'établissement à l'hôpital. Sa raison et son organisme ont éprouvé un ébranlement qui m'inspire les plus grandes inquiétudes. Je puis dire en toute vérité que mon âme est triste jusqu'à la mort.

Chère, chère petite Marie ! elle était notre dernière née, notre unique fille, l'enfant de notre âge mûr. Combien nous étions heureux de sa naissance ! Que de rêves et de projets nous avons faits en pensant au temps où elle serait grande! Elle promettait d'être si jolie, avec ses grands yeux de velours et ses cheveux bruns bouclés et si fins !

— Ce sera tout ton portrait, quand elle aura dix-huit ans ! disais-je à ma femme.

— Quand nous serons vieux, nous vivrons dans son ménage, comme grand-père vit chez nous, répondait Louise, toute attendrie.

Et maintenant !... Ah ! malheur de malheur !

Et Jacques, dont elle était la favorite, comment va-t-il

supporter ce coup, quand il le recevra de moi, demain matin ? Et grand-père, de qui elle faisait la joie, quand il la tenait pendant des heures entières assise sur ses jambes, lui contant des histoires ou lui apprenant à lire ?

Mieux vaut que le vieillard ne sache rien. Il ne l'a jamais revue depuis son départ de la maison. On lui fera croire que François et Aline l'ont emmenée avec eux. Ils aimaient beaucoup leur petite sœur, les chers enfants, et seront bien affligés en recevant cette fatale nouvelle... Ils ne l'apprendront que dans une douzaine de jours. Ce sera un triste début pour eux, dans leur nouvelle existence, là-bas, à New-York.

XXVII

LE RÉSULTAT DES ÉLECTIONS

Je n'ai plus de goût à rien ; je me sens profondément malheureux. La politique, qui me passionnait tant, me laisse aujourd'hui indifférent ; quand le présent est si douloureux, comment s'inquiéterait-on de l'avenir ?

J'ai reçu plusieurs lettres de François, depuis les tristes événements qui ont bouleversé ma vie ; j'ai trouvé dans l'âme de mon fils un écho sympathique, qui me fait regretter plus amèrement que jamais notre séparation.

A propos du résultat des élections, qui l'a indigné, il formule le jugement que voici :

« Dans une nation dont les citoyens sont dépourvus de toute liberté individuelle, de toute initiative, de toute émulation, par le fait des institutions politiques elles-mêmes, la virilité des caractères s'atrophie inévitablement, quelle que soit d'ailleurs la forme du gouvernement. Quand l'homme est aussi dépendant de l'État que les Français le sont maintenant, jusque dans les moindres actes de leur vie privée, il est bien difficile qu'il trouve en lui-même le courage de voter dans un sens hostile à ses maîtres. Le régime socialiste est inconciliable avec la liberté et la dignité humaines, et le droit électoral n'a pas aujourd'hui plus d'utilité pratique pour les Français que pour des soldats dans une caserne, ou pour des détenus dans une prison. »

Je ne peux pas méconnaître qu'il aît raison. Le gouvernement, sans efforts particuliers de propagande, sans autre moyen d'intimidation que l'envoi en province des chefs des partis hostiles, les Libertaires et les Jeunes notamment, et malgré le mécontentement notoire qui règne partout, a emporté plus des deux tiers des suffrages exprimés.

Moi-même, sous le coup de mes malheurs de famille, j'ai voté avec le parti du gouvernement, contrairement à mes intentions premières. C'est une capitulation, je le confesse humblement. Mais que deviendrions-nous, ma femme et moi, si notre infortune devait être complétée par une séparation, qui m'enverrait dans quelque trou lointain?

Par un phénomène qui semble surprenant au premier abord, c'est dans les campagnes, où la désaffection est la plus générale, que le gouvernement a obtenu le plus de voix. Cela vient de ce que les individus y sont plus aisément surveillés qu'ils ne peuvent l'être au milieu de la population compacte des grands centres, que chacun le sait, et que dans ces conditions les gens n'osent pas faire acte d'opposition. En outre, ce sont précisément les régions les plus réfractaires que l'on a terrorisées, il y a peu de temps, par des mesures militaires.

A Paris et dans le reste du département de la Seine, le gouvernement a été battu à fond : aucun de ses candidats n'a été élu. Tous nos députés appartiennent au parti libertaire.

Les Jeunes ont échoué partout, malgré le renfort que leur apportaient les femmes dissidentes. Il est visible que l'opinion publique est rétive à une expérimentation plus radicale des théories socialistes. Le seul de ses candidats qui a pu passer n'a triomphé que par l'appui déclaré du parti libertaire, qui l'a soutenu à cause de son grand talent d'orateur et de l'énergie de son antagonisme contre le gouvernement.

La femme du Premier-Délégué.

C'est ce parti libertaire qui seul a tenu tête au parti officiel; il ressort de la statistique électorale récapitulative qu'il a réuni à peu près le tiers du total des votes, malgré les efforts d'éloquence des meneurs du parti gouvernemental et les affirmations réitérées du *Journal officiel* pour le représenter comme une coalition des fauteurs de désordre et de bouleversement. Il doit ce demi-succès au concours des électrices, qui ont montré beaucoup plus d'ardeur et de courage que leurs collègues mâles, et ne se gênaient point pour déclarer tout haut leur aversion pour les institutions actuelles, surtout en ce qui touche la vie privée.

L'abolition du mariage en tant qu'acte d'état civil a exaspéré les femmes; et depuis cette mesure, on en voit des quantités, répudiées à tort ou à raison par leur mari, se livrer avec passion à la propagande antigouvernementale, distribuer des bulletins et exciter les électeurs hésitants.

Une seule candidate a été élue dans toute la France : c'est la femme du Premier-Délégué. Cette dame, bien qu'elle se soit présentée comme indépendante, a pris rang dans le parti du gouvernement. Dans ses discours et ses manifestes, au cours de la période électorale, elle avait affirmé son libre arbitre dans son ménage, et même dans ses ménages, car elle a eu plusieurs maris, et promis formellement de transporter au parlement ses habitudes d'indépendance.

Le gouvernement s'est bien gardé naturellement de combattre la candidature de la femme de son chef, d'abord par convenance, ensuite et surtout parce qu'il ne redoute guère une opposition de ce genre, et parce qu'il a jugé que c'était là un moyen commode et peu scabreux de donner une apparente confirmation au principe de l'égalité des sexes en matière politique.

XXVIII

LE DÉFICIT

« Chaque mois qui s'écoule élargit d'un milliard l'abîme du déficit. En d'autres termes, l'excédant des dépenses sur les recettes, de la consommation sur la production nationale, s'élève à un milliard de francs par mois. »

Telle a été la déclaration du Premier-Délégué à la nouvelle chambre, à l'ouverture de la session.

Ce qui m'étonne, c'est que le gouvernement ait réussi à cacher cette plaie effroyable jusqu'aux élections, et qu'aucun des partis d'opposition n'ait songé à se faire une arme de la situation financière, que tout le monde devinait mauvaise, sans cependant soupçonner la gravité du cas.

Depuis longtemps certains indices avaient révélé un trouble sérieux dans les affaires de la collectivité. Ainsi, il arrivait fréquemment que, quand un acheteur se présentait dans un magasin quelconque pour se procurer une marchandise en échange de ses bons de circulation, les employés lui répondissent que le stock en était épuisé et qu'ils ignoraient à quelle époque ils en recevraient le renouvellement.

A force de se répéter, ce genre d'incident avait fini par frapper le public, qui comprit fort bien que les affaires ne marchaient pas.

La vérité était, en effet, que les marchandises manquaient, non point par suite d'une consommation trop active, mais à cause d'une insuffisance dans la production.

Il était devenu difficile de se procurer les choses les plus nécessaires; il fallait courir dix ou douze magasins avant de trouver le vêtement ou l'ustensile demandé, et encore était-on obligé alors de se contenter d'articles de rebut, de véritables rossignols. Quant aux produits tirés de l'étranger, comme le riz, le café, le pétrole, leur cours avait été élevé dans des proportions telles qu'ils n'étaient plus abordables.

Pourtant, on ne peut pas accuser le peuple de se livrer à de folles orgies. Au contraire, jamais il n'a été tenu d'aussi court. Les repas ont été réduits, au lieu d'être améliorés, comme tout le monde le demandait, et cette parcimonie a même provoqué devant ma cantine une manifestation tout à fait caractéristique. Comme je me disposais à y entrer, des dineurs en sortirent en vociférant et ameutèrent les passants, qui firent bientôt chorus avec eux.

— C'est du poison qu'on débite dans ces boîtes-là!

— Plus moyen d'avaler de pareilles saletés! Rien que l'odeur que j'ai dans le nez me donne envie de vomir.

— Les trois quarts des gens en sont malades. On n'entend parler que de diarrhées et de maux d'estomac. On s'y croirait plutôt dans une officine d'apothicaire que dans un restaurant.

— Pas bête, l'administration : les rations des malades, c'est du bénéfice net.

— Et avec une cuisine fichue comme à présent, les autres rations, c'est du bénefice aussi. Voilà-t-il pas maintenant qu'on compte la réjouissance et les déchets dans les 250 grammes de viande!

— Dites donc, et notre Premier-Mai, en voilà une fête sèche! La pitance de tous les jours; pas la queue d'un supplément et pas seulement un verre de gala pour boire à la santé de Marianne! A-t-on jamais vu ça?

— C'est pas perdu pour tout le monde allez! Y en a qui s'engraissent avec ce qu'on gratte sur notre ventre.

— C'est dégoûtant que le gouvernement permette des infamies comme ça!

— Faut aller réclamer à l'Hôtel-de-Ville.

— Non, à la Convention!

Le tapage a fini par attirer la police, qui probablement avait ses instructions, car elle a « fait circuler » les malcontents avec une désinvolture tout à fait professionnelle. Cela n'empêche pas des scènes analogues de se produire chaque jour, tantôt dans un quartier, tantôt dans un autre.

Des améliorations de logements il n'est plus question. On dit que « quand le bâtiment va, tout va » ; eh bien ! le bâtiment ne va plus. On ne construit plus de maisons, à Paris. Même les réparations les plus urgentes se font attendre indéfiniment ; j'ai dû retourner six fois au bureau des Travaux de mon arrondisse-

La police « fait circuler » les malcontents.

ment, avant d'obtenir un zingueur pour ressouder une fissure du toit qui nous inondait à chaque pluie. Et au conseil des contrôleurs, on dit tout bas que le matériel industriel a besoin d'être renouvelé partout et que celui des chemins de fer, faute d'un entretien méthodique, n'est pas dans un meilleur état.

Il est certain que le gouvernement se trouve aux prises avec de très gros embarras. Les stocks pour la consommation publique sont réduits au minimum ; il n'existe plus d'approvisionnements importants que pour les articles peu demandés et pour ceux qui étaient autrefois destinés à l'exportation et qui ne trouvent plus d'écoulement à l'étranger, tels que les articles de modes, broderies, gants, soieries, velours, peluches, meubles, brimborions de Paris, etc. Ces sortes de choses, chacun peut les acheter maintenant presque pour rien; on les écoule à tout prix pour désencombrer les magasins.

Ce qui complique encore la situation, c'est que certaines matières premières nécessaires pour alimenter les fabriques commencent à manquer et que le gouvernement ne sait comment se les procurer, depuis que les États étrangers lui refusent tout crédit. Nous sommes ainsi sous la menace d'un chômage plus ou moins étendu et d'un arrêt forcé dans la production nationale, ce qui est une perspective fort alarmante.

Il serait injuste, toutefois, de s'en prendre au gouvernement et de l'accuser d'avoir réglé à la légère les conditions de l'équilibre de la production et de la consommation. Le Premier-Délégué a très clairement expliqué, à l'ouverture de la session, la méthode scientifique qui a été adoptée et les chiffres précis sur lesquels les calculs ont été basés.

Avant la Révolution sociale, le total de la production nationale était évalué annuellement à douze milliards. Le gouvernement a purement et simplement retenu ce chiffre, comptant que le surplus résultant de l'obligation universelle du travail compenserait, si elle ne la dépassait, la diminution entraînée par la réduction de la journée à huit heures. Et c'est sur cette base qu'il a calculé le quantum individuel de la consommation nationale. Ce quantum ainsi établi, constituait pour la majorité des citoyens une somme de bien-être inférieure à celle dont ils jouissaient sous l'ancien régime; mais le public avait la confiance que sa position s'améliorerait, la période de tâtonnements une fois franchie.

Mais voici que l'expérience ruine toutes ces prévisions, que l'on jugeait inébranlablement établies. La pratique vient de démontrer que la force de production d'un État socialisé est trois fois moindre que celle d'un État non socialisé. De douze milliards, notre production française est tombée à quatre milliards par an. Tout compte fait, il se trouve que nous perdons un milliard par mois ; c'est-à-dire qu'en six mois la France a perdu une somme égale à la rançon qu'elle a dû payer à l'Allemagne après les désastres de 1870.

C'est une déception épouvantable, et je me demande avec angoisse, comme tous les socialistes sincères, comment notre patrie pourra se tirer de cette position terrible. La Convention a été atterrée par ces révélations et, dans le public l'émotion est indescriptible. On attend avec une indicible anxiété la prochaine séance, dans laquelle le Premier-Délégué doit continuer son discours.

XXIX

CHOSES DE FAMILLE

Je suis seul au logis, comme il y a trente ans, quand j'étais encore un jeune ouvrier célibataire. Je ne suis plus accoutumé à cette solitude, et lorsque je rentre, le soir, j'en éprouve de grands accès de tristesse.

Hier, dimanche, comme je fumais ma pipe à la fenêtre en songeant mélancoliquement à la dispersion de notre famille, autrefois si unie, si vivante et si heureuse, un de mes voisins se mit à chanter une vieille mélodie touchante, que j'avais déjà entendue dans ma jeunesse :

Ah ! si vous saviez comme on pleure
De vivre seul à son foyer...

Ces paroles s'appliquaient si bien à ma situation et l'air était si pénétrant que j'en fus remué jusqu'au fond de l'âme. Oh ! oui, c'est triste, un foyer solitaire ! Et des larmes amères ruisselèrent le long de mes joues.

Ma pauvre femme est toujours à l'hôpital. Le médecin m'a engagé à espacer mes visites le plus possible, pour lui éviter des causes de surexcitation. Lorsque j'arrive, elle se jette passionnément dans mes bras, comme si je venais d'échapper à quelque grand péril, et quand je la quitte, ce sont chaque fois des scènes de désespoir. Quand je suis parti, elle est en proie à une agitation extrême, que suit une sorte de prostration ; elle pense sans cesse à moi, à ses enfants, à son père, s'imagine que nous sommes exposés à toutes sortes de persécutions et de dangers et s'affole à l'idée qu'elle ne nous reverra plus. Son esprit ne s'est pas encore remis des ébranlements successifs causés par la fuite de François et d'Aline et par la mort de notre petite Marie.

J'étais si inquiet de son état que, hier, j'ai voulu prendre à ce sujet l'avis de notre vieux médecin, qui la soigne depuis notre mariage et connaît très bien son tempérament. Il venait de voir un jeune suicidé et était tout attristé de n'avoir point réussi à le rappeler à la vie

— Désolé de ne pouvoir vous satisfaire, mon brave Martin, me dit-il. Voyez il est cinq heures sonnées : j'ai dépassé la limite maxima de ma journée de travail, et jusqu'à demain matin, il ne m'est plus permis, malgré la meilleure volonté du monde, de faire acte professionnel. J'ai déjà été dénoncé trois fois par de jeunes confrères réprimandés, eux, pour n'avoir pas justifié de l'emploi régulier de leurs huit heures, et j'ai été sévèrement puni pour surproduction. Une nouvelle récidive pourrait entraîner pour moi les conséquences les plus graves.

Je m'abstins donc d'insister, et nous nous mîmes à

causer de choses étrangères au sujet qui m'intéressait. Il me reparla de la visite qu'il venait de faire et de la multiplication vraiment effrayante des suicides depuis la socialisation de notre pays.

— Votre jeune homme était probablement un amoureux désespéré ? observai-je.

— Non. Dans le nombre des suicides, il en est assurément qui ont pour cause des chagrins d'amour. La politique ne peut rien changer à cela : il y a toujours eu et il y aura toujours des amants rebutés et des femmes délaissées. L'amour ne se décrète pas plus que la fidélité. Mais l'espèce d'épidémie qui va croissant de jour en jour a une autre origine. J'ai été médecin militaire, vous savez, et j'ai eu l'occasion d'observer des cas analogues au régiment. J'ai vu des jeunes gens de bonne constitution, qui ne se plaignaient ni de l'ordinaire, ni de l'uniforme, ni de la chambrée, se détruire simplement parce qu'ils ne pouvaient s'habituer à la discipline qui leur était imposée et à la monotonie de la vie de caserne.

— Ces jeunes soldats avaient pourtant la perspective d'en être quittes après deux ou trois ans et de recouvrer alors leur entière liberté?

— Parfaitement. Mais la nostalgie ne raisonne pas. Eh bien! nous nous trouvons ici en présence de cas identiques, aggravés par le défaut total d'espérances. Les restrictions apportées à la liberté personnelle, l'étroite prison morale dans laquelle l'individu se trouve enfermé par l'organisation socialiste de la production et de la consommation, la notion de la perpétuité de cette existence terne et moutonnière qu'aucune initiative ni aucun effort de volonté ne peuvent améliorer, ont diminué dans une telle proportion le charme de la vie, qu'un certain nombre de citoyens en sont arrivés à considérer le suicide comme le seul moyen d'échapper à une destinée intolérable pour eux.

Les nouvelles de mon jeune ménage, qui m'arrivent d'Amérique, sont bonnes : c'est ma seule consolation au milieu de mes cuisants soucis.

François et Aline ont quitté la pension où ils avaient pris gîte aussitôt après leur mariage, à New-York, et ils ont pu s'arranger un petit intérieur à eux, bien modeste encore. François, grâce à ses capacités et à ses qualités solides, a été admis comme prote dans une imprimerie importante, et Aline a trouvé un travail fructueux dans une maison de modes, où son habileté et son goût de Française ont été promptement appréciés. Les industries de luxe ont acquis une grande prospérité en Amérique, depuis l'anéantissement de la concurrence française. A force d'ordre et d'économie, nos chers enfants montent et meublent pièce à pièce leur nouveau ménage. Ils ont été très affligés de la mort de leur petite sœur et me pressent de leur envoyer Jacques, dont ils offrent de se charger.

L'aversion persistante de celui-ci pour la maison d'éducation où il est interné, me peine jusqu'au fond du cœur. Ce que j'entends dire et ce que je sais de ces établissements, surtout ceux affectés aux garçons de dix-huit à vingt ans, ne donne que trop raison à ses sentiments de répulsion.

La démoralisation y est extrême. Les jeunes gens savent qu'à leur vingtième année, tous indistinctement, quels que soient leur intelligence, leur conduite, leur degré d'instruction, trouveront à la mangeoire nationale la pitance uniforme préparée pour tout le monde, et qu'ils ne pourront, en aucun cas, parvenir à mieux. Ils savent aussi que, lors même qu'ils auraient pris goût à une profession et qu'ils y auraient acquis une compétence supérieure, ils n'ont aucune garantie d'avoir cette profession en partage, ni même une profession analogue.

Il en résulte que, à peu d'exceptions près, ils gaspillent le temps attribué à leur enseignement et se livrent, au lieu d'étudier, aux dissipations les plus blâmables. Tant il y a que, récemment, on a cru devoir appliquer aux établissements d'éducation un système de discipline aussi rigoureux que celui en usage dans les maisons de correction.

Malgré cela, je n'ose laisser entrevoir à Jacques la perspective d'une émigration. Quand bien même je disposerais du moyen d'assurer son passage sur un navire étranger, je ne me croirais pas le droit de prendre une initiative si décisive pour son avenir sans l'assentiment de ma femme. Or, dans l'état de santé où se trouve Louise, une pareille aventure suffirait peut-être à lui donner le coup de la mort.

XXX

MENACES DE GRÈVE

Elle a eu lieu la fameuse séance dans laquelle le Gouvernement, par l'organe du Premier Délégué, a achevé l'aveu de nos misères et formulé le programmes des remèdes qu'il croit propres à rétablir notre santé nationale.

Après avoir reconnu que la puissance de production de la France a baissé des deux tiers depuis la socialisation du pays, et que les dépenses publiques ont augmenté dans la même proportion, il a conclu à la nécessité de demander à la masse de la nation de nouveaux sacrifices et de nouveaux efforts. Il a dit alors en quoi consistaient ces efforts et ces sacrifices : l'obligation du travail étendue de quatorze à soixante-quinze ans. au lieu de vingt à soixante, et la durée de la journée portée de huit à douze heures; l'institution de châtiments corporels contre les infractions à la loi du travail; la limitation du nombre des naissances par une réglementation spéciale du mariage; la réduction de la ration de viande de 250 à 100 grammes et de celle du pain de 700 à 500; la socialisation de toutes choses entre les mains de l'Etat et la suppression totale du mobilier privé; la fixation d'un costume uniforme, avec stipulation de sa durée minima.

Cet exposé, bien qu'il fût dévelóppé avec courage et talent, a déchaîné une tempête sans exemple, à la faveur de laquelle l'opposition antisocialiste a engagé sa première bataille sérieuse. Indice grave, les tribunes publiques, encombrées d'auditeurs et aussi d'auditrices, ont pris ouvertement parti contre le Gouvernement, ripostant aux injonctions du président par le chant de la *Marseillaise*. La séance se trouvant interrompue par ce scandale, ordre a été donné de faire évacuer les galeries. Les gardes-sociaux ont agi là avec leur brutalité ordinaire, et le public s'est regimbé; on en est venu aux mains, et, finalement, il en est résulté une quantité notable de horions plus ou moins meurtriers.

Comme on pouvait s'y attendre, la nouvelle de ces incidents et surtout la promulgation du nouveau programme du Gouvernement ont produit dans Paris, et probablement ailleurs, un effet détestable. On n'entend partout que railleries méprisantes et invectives. Qui peut prévoir ce qui s'ensuivra?

Depuis longtemps déjà une fermentation particulière travaille les ouvriers métallurgistes, surtout les constructeurs de machines, qui se vantent d'avoir formé l'avant-garde de l'armée révolutionnaire et prétendent maintenant avoir été honteusement trompés dans l'accomplissement des promesses que la Démocratie sociale leur avait faites.

— Avant la Révolution, disaient-ils, on nous avait formellement promis que nous toucherions le produit intégral de notre travail. Cet engagement a été explicitement mentionné maintes fois par les organes socialistes auxquels le *Journal officiel* s'est substitué. L'a-t-on exécuté, ce contrat? Non. Il n'en est même plus question. On ne nous donne que le salaire dérisoire de tout le monde, un salaire trois fois moindre que celui que nous versaient nos anciens patrons!

Et ils calculaient entre eux que, si on leur distribuait la valeur totale des produits et des machines sortis de leurs ateliers, défalcation faite des frais généraux, il leur reviendrait à chacun vingt fois la somme qu'ils reçoivent actuellement.

En vain le *Journal officiel* a cherché à les tirer de leur erreur, en leur expliquant que la Démocratie sociale n'avait pas promis aux ouvriers de chaque corporation le produit intégral du travail particulier de cette corporation, mais qu'elle avait promis à l'ensemble total des travailleurs le revenu total du travail de la nation.

« Les membres de la corporation de la métallurgie se laissent égarer par une idée fausse, — arguait avec raison l'auteur de l'article, — lorsqu'ils pensent que ce qui sort de leurs ateliers est le produit exclusif de leur travail. C'est aussi le produit du travail d'autres corporations, qui ont collaboré à la fabrication du matériel et des matières nécessaires au travail métallurgique, notamment les maçons, les charpentiers, les mineurs. Il y a là, comme ailleurs, une solidarité générale. C'est la Collectivité qui fournit aux métallurgiste le capital industriel qui leur permet d'exercer leur profession; c'est donc la Collectivité qui a droit, sur le revenu du travail métallurgique, comme de tout autre travail, à ce qui dépasse le salaire égal accordé à tous les membres de la communauté sociale. »

— Que ce soit l'État ou le patron, le diable ou le bon Dieu, qui empoche les bénéfices de notre travail, — ripostaient les métallurgistes, — cela nous est prodigieusement égal. Si nous devons rester grosjeans comme devant, ce n'était pas la peine de faire la fameuse Révolution!

Et la perspective de la journée de douze heures a achevé de les exaspérer.

— Tous ces faquins d'avocats, tous ces *feignants* de bavards, tous ces roublards de fonctionnaires se moquent de nous! disent-ils ouvertement. Bûcher douze heures dans le feu est une autre affaire que de se gargariser avec des mots, garder des mômes ou rester, sur un rond-de-cuir, à gratter du papier.

Tous ces faquins d'avocats...

En somme, ils ne veulent rien entendre : ils exigent le produit entier de leur travail et le maintien de la journée de huit heures. Ils ont déjà tenu de grandes réunions à la Villette, et nous savons qu'ils marchent d'accord avec leurs confrères du Creuzot, de Fives-Lille, de Maubeuge, d'Indret et de Decazeville.

On s'attend, d'un moment à l'autre, à recevoir la nouvelle d'une grève générale de la métallurgie, ce qui serait très grave, car la corporation comprend plus de trois cent mille membres.

Mais il ne faudrait pas croire que cette redoutable éventualité alarme ici le public. C'est tout le contraire :

il semble que l'excès de monotonie de la vie ait engendré dans les esprits une soif de curiosité, de changement, de nouveau, quel qu'il soit et quoi qu'il puisse coûter. Et la masse de la population est sympathique aux métallurgistes, malgré l'exagération évidente de leurs prétentions, peut-être parce que leur rébellion traduit le sentiment général.

— Au moins, en voilà qui ont du nerf! Ils osent!

Ce mot, que j'ai entendu répéter sous des formes diverses, me paraît être celui de la situation.

C'est que la désaffection a fait des progrès quasi-foudroyants. Les Parisiens ne pardonnent pas au régime socialiste d'avoir fait le désert autour de Paris, où n'arrive plus aucun étranger. Qu'y viendraient chercher les touristes au jour d'aujourd'hui? Tout ce qui constituait le charme et l'attrait de Paris pour les riches cosmopolites a disparu. La capitale du monde qui s'amuse n'existe plus que comme le squelette d'une jolie femme survit à la forme, à la grâce, à la jeunesse de son corps.

A cette cause d'antagonisme particulière aux habitants de Paris, s'en ajoute une autre, beaucoup plus ancienne et plus aiguë : c'est l'abolition des cultes et la désaffectation des églises. Cela s'était fait sans soulever d'orages, en apparence du moins, — peut-être parce que les adeptes des diverses confessions n'avaient plus aucun moyen de faire entendre leurs protestations, — et voici que, tout à coup, le vieux levain religieux recommence à fermenter dans les masses profondes de la nation et à Paris même.

L'entrée en campagne des métallurgistes a été comme l'amorce qui porte le feu à la mine. Qui peut prévoir les effets de l'explosion prochaine?

XXXI

LES MINEURS

Ce n'est pas seulement la métallurgie qui apporte son contingent de soucis au gouvernement. Voici qu'un événement beaucoup plus sérieux encore que les menaces des *noirs* vient de s'accomplir tout à coup, inopinément : les mineurs sont en pleine grève.

A Paris, où l'on vit d'une vie particulière et pour ainsi dire artificielle, où l'on mange quasi sans savoir où et comment pousse le blé, où l'on se chauffe sans se demander d'où vient le charbon, on ne se préoccupe guère que de ce qui se passe autour de soi et l'on ne pensait guère plus aux mineurs qu'au grand-père Adam. On se figurait que là-bas, dans les bassins houillers du Nord et de la Loire, tout allait comme d'habitude. Il paraît qu'il s'en fallait de beaucoup.

Depuis la Révolution, les anciens syndicats ont été dissous et les mineurs soumis à la règle générale. Bien que la chose ne leur plût point, ils ont pris patience au début. Mais peu à peu ils se sont lassés; ils ont reconstitué secrètement leurs Chambres syndicales, malgré l'interdiction formelle de l'autorité, et ils ont formulé leurs réclamations dans des manifestes affichés nuitamment et déchirés chaque matin par les contrôleurs et surveillants. Le *Journal officiel* ne soufflait mot de tout cela, de sorte que personne ne soupçonnait cette agitation.

Aussi, hier, la nouvelle de la grève générale des mineurs a éclaté dans Paris comme un coup de foudre. Elle a été annoncée, non par le *Journal officiel* (il ne la publie que ce matin, parce qu'il ne peut plus faire autrement), mais par de grandes affiches tricolores apposées à profusion pendant la nuit précédente, — par les métallurgistes, croit-on.

La police s'est bien évertuée à enlever ces placards dès le point du jour; mais, dans une ville immense comme Paris, il est autrement difficile de les escamoter qu'à Anzin, Saint-Étienne et Lens. Le public en a assez vu pour être renseigné et la nouvelle s'est répandue, avec la rapidité d'une inondation, d'Asnières à Vaugirard et d'Auteuil à Saint-Mandé.

Je transcris ici cette proclamation, dont un de mes collègues du contrôle m'a donné copie :

Nous, mineurs français, notifions par la présente à la nation et au gouvernement que nous déclarons la grève.

Nous avons attendu jusqu'à ce jour l'exécution des promesses qui nous avaient été faites au nom de la Révolution sociale; nous avons attendu avec foi et patience, malgré les spoliations et les vexations de toute sorte dont nous avons été victimes. Maintenant, nous avons acquis avec douleur la conviction qu'on nous a trompés pour obtenir frauduleusement notre concours, et nous nous refusons à nous laisser exploiter plus longtemps.

Les termes et conditions de notre coopération à la Révolution sociale étaient formels et précis : *La mine aux mineurs.* Cet engagement est manifestement violé par les hommes qui se sont emparés du gouvernement.

Bien loin de nous restituer les mines que notre travail seul met en valeur, on nous a imposé un sort pire que celui qui nous était fait par les anciennes compagnies.

Nous avions des Syndicats légalement institués : on les a abolis.

Nous avions des délégués mineurs chargés de protéger notre sécurité matérielle : on les a supprimés.

Nous avions des Caisses de retraite, qui assuraient notre subsistance et notre liberté pendant notre vieillesse : on les a confisquées, et maintenant on condamne nos invalides au casernement de l'hospice.

Nous avions dans les règlements imposés par l'autorité, dans la sévérité des tribunaux, dans le contrôle exercé par les ingénieurs de l'Etat, dans la menace permanente de pensions et d'amendes qui pesait sur les compagnies, des garanties contre l'incurie et des certitudes d'indemnité en cas de malheur : nous n'avons plus rien pour nous défendre ou nous venger.

Les galeries, les machines, le matériel roulant, sont en mauvais état, le danger est de chaque minute ; on ne tient aucun compte de nos réclamations, et les juges actuels, qui ne sont plus que des fonctionnaires, n'osent point se prononcer contre le propriétaire et exploiteur de la mine, qui est l'État, ni contre ses agents.

Les mineurs sont des hommes, et non des animaux : nous entendons être traités en citoyens et nous prétendons qu'on exécute les engagments contractés. Ce que nous avons vainement demandé à l'honnêteté, nous l'exigerons, s'il le faut, par la force, et nous formulons comme suit notre ultimatum :

En déans dix jours, le gouvernement ou son mandataire effectuera officiellement la remise des mines aux mineurs de chaque ancienne concession. Les mineurs des dites concessions éliront librement un comité de treize membres, chargé de prendre possession de la mine et d'en organiser l'exploitation au profit du personnel houiller.

Ceci n'est pas une petite affaire, car les mineurs sont, en France, au nombre de plusieurs centaines de mille, et leur grève va entraîner, comme conséquence, le chômage de la plupart des ateliers. Le charbon est le pain de l'industrie, et là où il manque le travail s'arrête par inanition.

De plus, on ne peut pas ne pas être frappé de la coïncidence de cette grève avec les menaces des métallurgistes. Il y a certainement connivence entre les deux corporations.

— Il paraît, m'a dit mon collègue, que les troupes qui composent le corps d'armée du Nord ont reçu l'ordre de se concentrer pour marcher contre les mineurs.

Mais l'armée elle-même est loin d'être favorable au régime actuel, et il n'est pas bien certain qu'elle ne fasse point cause commune avec les grévistes, au lieu de les attaquer. Et vous pouvez être assuré que la grève de la métallurgie va éclater maintenant sans retard, pour faire diversion et soutenir les mineurs. Si le

Les troupes se concentrent pour marcher contre les mineurs.

gouvernement se tire de là, il sera fièrement malin.

Je me demande, en effet, comment il pourra sortir de pareilles complications. D'après ce que j'ai appris, les plaintes des mineurs sur les dangers extrêmes que leur fait courir le délabrement des fosses et des machines et sur la manière cavalière dont ils sont traités ne sont que trop fondées. Cela, il ne serait pas impossible d'y remédier, si on le voulait sérieusement ; c'est une question de sacrifice d'argent et d'instructions nouvelles à donner aux directeurs de mines et à leurs subalternes.

Mais cette vieille prétention de « la Mine aux mineurs » que le mécontentement a fait de nouveau surgir, il est de toute impossibilité d'y donner satisfaction, si l'on ne veut du même coup concéder la métallurgie aux métallurgistes et accorder le même avantage à toutes les corporations. Or, ce serait détruire pièce à pièce l'œuvre de la Révolution sociale, créer de pied en cap, au profit de nouveaux privilégiés, un nouvel état capitaliste et alors on pourrait redire, comme les métallurgistes : « A quoi bon avoir bouleversé ce qui existait ? »

En attendant, l'anxiété pèse sur tout le monde, non pas l'anxiété angoissée qui caractérise l'attente d'événements redoutés, mais l'anxiété curieuse et impatiente de gens qui attendent l'allumage d'un beau feu d'artifice.

XXXII

MENACES DE L'ÉTRANGER

J'écris aujourd'hui, la mort dans le cœur.

Les plus sombres nuages de tempête s'amoncèlent de toutes parts au-dessus de notre infortuné pays. La vieille haine de l'Angleterre, dissimulée avec soin aussi longtemps que nous avons été heureux, riches et forts, apparaît au grand jour maintenant que nous sommes miséreux et affaiblis.

L'un des plus fâcheux effets de la socialisation de la France a été la rupture de l'alliance russe, et presque aussitôt nos bons voisins ont commencé à montrer les dents. Les choses ont un peu traîné d'abord; tout s'était borné jusqu'ici à un échange continu de notes diplomatiques aigres-douces. Le discours du Premier-Délégué, lors de l'inauguration de la nouvelle Convention, avait révélé au public que les relations extérieures n'étaient pas satisfaisantes et démontré que des mesures de précaution s'imposaient. Mais nul ne supposait que les événements dussent marcher si vite.

Depuis, l'Angleterre et l'Allemagne ont adressé au gouvernement français des ultimatums identiques exigeant, sous menace de saisie territoriale, le paiement intégral des dettes commerciales et autres accumulées par la France.

Comment l'Allemagne se trouve-t-elle mêlée à cette affaire? Nous n'avons aucune dette envers elle, attendu que nous n'achetons chez elle ni matières premières ni objets manufacturés. Seuls, les Allemands détenteurs d'anciens titres français, rentes ou actions, seraient fondés à nous chercher chicane; mais cela ne peut pas constituer une dette importante, car ce n'est pas en France que les sujets de Frédéric IV avaient coutume de placer leur argent.

La vérité est que l'Angleterre a eu la perfidie de céder à l'Allemagne une partie de ses créances pour motiver une action commune et justifier au besoin une attaque simultanée.

Notre dette envers l'Angleterre, qui avait mis dans les premiers temps, pour se faire l'intermédiaire officieux de nos achats à l'étranger, un empressement dont il aurait été sage de se méfier, atteint actuellement le chiffre de deux milliards. C'est de ses marchés que l'on tirait les grandes quantités de grains, de café, de coton, de pétrole, de caoutchouc, et autres grosses marchandises qui entraient dans l'alimentation ou qui fournissaient les ateliers.

Or, les objets manufacturés, que nous lui livrions autrefois pour balancer nos comptes, nous sont maintenant refusés par elle, sous prétexte de malfaçon et d'infériorité sur les types-étalons, comme il a été dit plus haut.

Jadis, nous aurions pu apurer le compte au moyen des coupons et titres d'origine anglaise ou russe que notre pays possédait en quantités innombrables. Présentement nous ne le pouvons plus : la France s'est dépouillée de ses propres mains en détruisant les titres et en dépensant ensuite inconsidérément tout son encaisse métallique, numéraire et lingots.

Voilà ce qui se disait autour de moi, au conseil des contrôleurs, et cela ne m'a pas appris grand'chose, car depuis longtemps je trouvais qu'on agissait à la légère et je voyais venir la catastrophe.

Maintenant que ces fautes ont été commises, nous sommes à la discrétion de nos ennemis, — car pour faire la guerre il faut aussi de l'argent et nous n'en avons plus.

L'ultimatum anglo-allemand prévient le gouvernement que, si satisfaction n'est pas donnée dans le délai fixé, la Lorraine et la Bourgogne, d'une part, la Normandie, d'autre part, seront occupées militairement « comme gage de la dette ». Il ajoute que les deux États coopérants sont prêts à entrer en négociations pour la liquidation de cette dette, si le gouvernement français est disposé à l'acquitter par une cession territoriale. Est-il possible de pousser plus loin le machiavélisme et l'effronterie ?

Si nous n'avons plus d'or, il nous reste du moins de la poudre et du plomb ; l'ancien régime nous a laissé en ce genre un riche héritage, qui n'a pas été dilapidé, et nous ne manquons ni de soldats, ni d'armes. Nous ne sommes pas des moutons que l'on vend avec le pâturage. La France saura se défendre plus efficacement, j'espère, qu'elle ne l'a fait en 1870, et si la chance est pour nous, peut-être... Qui peut prévoir les hasards de la guerre ?

Malheureusement, la production a encore diminué et la consommation épuise chaque jour davantage les approvisionnements. Les gouverneurs des places de guerre et l'intendance des troupes de campagne réclament tous des subsistances, et les chemins de fer commencent à manquer de charbon. Et les mineurs sont en grève!

Au dernier moment, j'apprends une nouvelle complémentaire et bien grave : l'Allemagne vient d'annexer le grand-duché de Luxembourg, sans aucune notification préalable. Les troupes allemandes l'ont envahi sans rencontrer aucune résistance et un fort parti de uhlans est massé à l'extrême frontière, en face de Longwy, prêt à passer en France au premier signal.

XXXIII

LA GUERRE ET LA GRÈVE EN MÊME TEMPS

Abomination de la désolation! Les temps sont venus et les faits sont accomplis. La flotte anglaise bloque le Havre et les Allemands sont en France!

Comme il fallait s'y attendre, le délai de dix jours s'est écoulé sans que le gouvernement se trouvât en mesure d'acquitter son énorme dette, et, dans la nuit qui a suivi, l'armée allemande a franchi la frontière sur tous les points, depuis Belfort jusqu'à Thionville. Nancy est déjà occupé et les uhlans ont envahi les départements voisins de la frontière, coupant les chemins de fer et les lignes télégraphiques, s'emparant des gares et des dépôts de matériel roulant.

Leur première armée a débouché par Metz et marche

sur Paris, suivant une direction à peu près semblable à celle de 1870. Une seconde armée, passant sur le ventre de la Belgique socialiste, menace les camps retranchés de Lille et de Maubeuge, qui, dit-on, ne sont pas approvisionnés que pour plus d'une semaine.

Le gouvernement s'est efforcé d'utiliser ses dix jours

Les allemands ont franchi la frontière sur tous les points.

de répit pour réorganiser à la hâte l'armée territoriale. Mais qu'est-ce que c'est que dix jours pour une besogne pareille !

Dans les premiers moments d'enthousiasme, quand l'abolition de la servitude militaire a été décrétée, on a follement saccagé les bureaux du ministère de la Guerre, et des énergumènes, qui étaient peut-être payés par l'Allemagne, ont fait un auto-da-fé avec les archives, détruisant ainsi les contrôles, les plans de mobilisation et toutes les minutieuses études qui avaient coûté tant de temps, de peine et de science. Allez donc refaire tout cela en dix jours!

On a eu recours à l'autorité locale de chaque département, ce qui était certainement le meilleur moyen, et sans doute on serait arrivé à un résultat, si les équipements n'avaient fait défaut. Mais presque partout les magasins étaient dégarnis : par suite de l'insuffisance de la production, on y avait puisé sans mesure pour pourvoir aux besoins de la population civile.

De plus, dans beaucoup de départements, les efforts du gouvernement se sont brisés contre une invincible résistance d'inertie. L'enthousiasme seul peut engendrer des miracles pareils à ceux de 1792; c'est de l'élan spontané du peuple que peuvent jaillir les fameuses « quatorze armées » qui, en ce temps-là, ont sauvé la République et conquis l'Europe. Et la France d'aujourd'hui est terriblement loin de ces jours de foi, de flamme et de gloire. Je le dis avec une amère tristesse, la Démocratie sociale est entièrement dépopularisée.

— Est-ce que vous vous figurez, par hasard, me disait tout à l'heure un de mes voisins, que je consentirai jamais à risquer ma peau pour soutenir un gouvernement qui a fait de la France un dépôt de mendicité?

Eh bien! c'est là le sentiment général. Personne ne se soucie de se battre, hormis les désespérés qui aiment mieux se faire casser la tête que de continuer à vivre dans les conditions actuelles. Et les plus enragés contre les institutions socialistes, ce sont encore, le croirait-on, les ouvriers, qui tiennent par-dessus tout à être indépendants, à pouvoir changer de « boutique » à leur fantaisie, à faire le lundi quand ça leur plaît, à secouer « le singe » quand ils ont assez de ses grimaces.

Ce qui vient d'arriver aux métallurgistes a exaspéré leurs colères. Ceux-ci sont en grève depuis trois jours. Ils avaient formulé leurs revendications, comme je l'ai dit, et exigeaient, malgré les remontrances raisonnables du *Journal officiel*, la totalité du rendement de leur travail. Le gouvernement ayant naturellement rejeté leurs prétentions, ils ont éteint les feux et quitté les ateliers.

Le délégué à l'Industrie et au Commerce a immédiatement donné l'ordre de leur fermer les cantines nationales et tous les magasins, les privant ainsi de tout moyen d'existence. Il compte, de cette façon, les réduire par la famine, ce que leurs femmes et leurs amis peuvent économiser pour eux sur leurs propres repas et sur la consommation de leur ménage ne devant pas suffire à les entretenir longtemps. Mais, en même temps, cette mesure sévère a irrité au plus haut degré le populaire et réveillé parmi les ouvriers des idées de solidarité qui, je le crains bien, nous menacent de nouvelles complications.

L'avenir est sombre. Que dis-je, l'avenir! C'est le lendemain même, c'est l'heure prochaine qui est chargée d'incertitudes tragiques. Qui peut dire ce que recèle de calamités ma vieille horloge qui a sonné tant d'heures heureuses et dont l'aiguille tourne en ce moment vers l'inconnu!

Me sera-t-il seulement permis de poursuivre ce récit, commencé naguère avec tant de joie, avec tant de légitime orgueil, avec tant de foi en la régénération de l'humanité? La prolongation de la journée de travail à douze heures me prive de presque tout mon loisir, et d'autre part je ne suis pas sans inquiétudes personnelles.

Moi, Joseph Martin, moi, le vieux lutteur, moi, dont la barbe a blanchi au service de la Démocratie sociale, on me regarde de travers, on me traite en suspect politique ! Mes longs sacrifices, mes innombrables campagnes en des temps périlleux ne me mettent pas à l'abri d'une perquisition et de la confiscation de mes papiers ! Cela, c'est l'amertume des amertumes, c'est l'humiliation suprême, — et j'en suis là.

J'ai donc résolu d'expédier ce journal de famille à mes enfants, en Amérique, comme le seul legs que je puisse leur dédier. Puissent-ils le conserver en souvenir de moi et pour l'édification des générations futures !

XXXIV

LA CONTRE-RÉVOLUTION COMMENCE

Les métallurgistes ne veulent pas se laisser affamer. C'est une insurrection en règle qui commence.

Je m'étais mis en route de bon matin, pour prendre le tramway qui mène à Bicêtre, où mon beau-père est maintenant hospitalisé.

J'ai trouvé le pauvre vieux dans un fâcheux état : il baisse à vue d'œil.

Il a cessé de se plaindre et est devenu tout à fait indifférent, comme hébété. Il ne fait plus guère de questions, semble avoir oublié les événements d'hier, ne parle plus du tout de la petite Marie, qui autrefois était sa préférée.

Pendant ma visite, il m'a répété plusieurs fois les mêmes choses et réitéré des demandes auxquelles j'avais déjà répondu ; il confondait les personnes et même les générations de sa famille.

Le surveillant m'a dit qu'il reste, pendant des journées entières, assis, silencieux et morne, les yeux vagues, comme un homme désespéré qui attend que la mort vienne le délivrer. Pauvre cher grand-père, qui était si bon, si gai, si heureux à la maison, entre sa fille et moi ! Quelle triste fin !

A mon retour, j'avais lâché le *tram* à l'avenue des Gobelins, ayant une course à faire de ce côté, et je cheminais en ruminant ces choses lugubres, lorsque je fus tiré de mes pensées par un lointain crépitement de fusillade. J'étais alors dans la rue Descartes, qui en un instant se remplit de curieux sortis des maisons ou accourant du voisinage. Certains, mieux informés que les autres, racontaient qu'une colonne de grévistes avait tenté de forcer la grande boulangerie nationale au bas de la rue de la Glacière, et que les assaillants avaient dû se heurter à la troupe, massée là par mesure de précaution.

Le grand-père baisse à vue d'œil.

Je me détournai dans cette direction pour recueillir des renseignements moins incertains, et ne tardai pas à me convaincre que, si la bataille s'était d'abord localisée autour de la boulangerie, elle avait gagné de proche en proche, car les coups de fusil retentissaient maintenant de côtés différents.

Les rues étaient plus grouillantes de monde, à mesure que j'avançais ; des gens péroraient au milieu de la cohue mouvante ; d'autres, s'élançant des portes, une arme quelconque à la main, fendaient la foule sans mot dire, entraînant à leur suite une poignée de badauds.

Au coin de la rue Claude-Bernard, j'eus le premier spectale caractéristique de la guerre civile : une bande de grévistes portant des blessés sanglants s'avançait lentement au milieu de la chaussée, refoulant sur les trottoirs la masse confuse des curieux.

Parmi ceux qui accompagnaient ce lamentable cortège, j'aperçus un visage de connaissance, celui d'un ancien contremaître de fonderie de bronze, que je ne m'attendais pas à rencontrer dans cette galère.

— Vous ici, Beauvarlet! Que signifie cette tuerie? Que s'est-il donc passé?

— Une tuerie, Martin, oui, une tuerie, vous dites bien! L'épée est tirée maintenant; l'un exterminera l'autre. Il faut que l'un des deux crève : si ce n'est pas votre chien de gouvernement, ce sera nous.

— Alors, c'est vrai qu'il y a eu bataille à la boulangerie?

— Oui, là et ailleurs, et vous savez, c'est pas près de finir... Nous avons trouvé les portes barricadées. Nous avons essayé de tourner la position et d'escalader le mur de derrière; c'est alors qu'on nous a tiré dessus. Je suis sûr qu'il y a un millier d'argousins dans la boîte. Naturellement, il y a eu de la casse. Alors, de rage, en voyant les amis tomber, on a commencé à arracher les pavés et les rails de tramways et à aller chercher des fusils. Et en avant, les barricades!... Les fliques faisaient un feu roulant par toutes les fenêtres et lucarnes de la boulangerie ; nous avons occupé les maisons d'alentour et à mesure que les camarades apportaient des armes, on ripostait de plus en plus d'attaque... Ça continue, vous entendez, père Martin... Je ne donnerais pas quatre sous de la peau de ces sales roussins, car, avant deux heures d'ici, on aura éventré leur niche, et alors!...

— C'est affreux!...

— A qui la faute?... Ecoutez, Martin : on tiraille sur

notre droite : ce sont les amis qui arrivent et se cognent avec les brigades de renfort...

La parole lui fut coupée par une détonation plus violente.

— Ah! les gueusards, s'écria-t-il en levant le poing, ils ont amené du canon!

Et il me quitta en courant pour rejoindre le petit convoi de blessés.

Autour de moi, l'agitation était extrême et les clameurs assourdissantes. Les cris de malédiction et de vengeance dominaient tout. Les femmes excitaient les hommes, au lieu de les apaiser. Au loin, j'entendais, comme un grondement continu, la voix brutale de l'artillerie qui m'annonçait que des combats sérieux étaient engagés sur divers points, probablement autour des arsenaux et magasins, que les insurgés avaient assaillis.

— Voilà d'épouvantables catastrophes, mon vieux Martin, me dis-je à moi-même. Tu ne comptais sûrement pas vivre assez longtemps pour voir des choses pareilles... Tu étais déjà bien malheureux, mais cela te prouve que tu peux le devenir encore davantage. Le malheur est un gouffre sans fond. Mais à tout cela tu ne peux rien, et le mieux que tu aies à faire est de rentrer chez toi.

Alors, je me décidai à retourner sur mes pas et à regagner l'avenue Trudaine par la rue Jacques, le pont Notre-Dame, les Halles et la rue Montmartre.

Sur mon chemin, je croisai plusieurs régiments de la garde sociale, infanterie, cavalerie et artillerie, qui se rendaient au pas de course aux positions qui leur étaient assignées, et je ne pus passer qu'en exhibant ma carte de contrôleur.

Toutes ces troupes, munies d'armes perfectionnées, sont animées d'un esprit de fidélité à toute épreuve, car elles sont recrutées avec grand soin dans toutes les provinces parmi les démocrates socialistes les plus déterminés, et elles se savent si haïes du peuple qu'elles n'ont aucune pitié à en attendre, en cas de défaite.

Mais que peuvent cinquante mille hommes au milieu d'une population comme celle de Paris? Le jour où le lion populaire entrera réellement en fureur, il les mangera d'un seul coup de dent.

XXXV

MALHEUR SUPRÊME

Je pleure, je pleure, et jamais larmes ne furent plus brûlantes que les miennes!

Est-il sur terre un homme plus misérable que moi? J'ai tout sacrifié à ce que je croyais être mon devoir, et je m'aperçois que je n'ai travaillé qu'au malheur des miens; j'ai vu dépouiller mon logis des pauvres meubles achetés, un à un, en un quart de siècle, à force de privations et de courage; j'ai vu mon premier-né obligé d'aller demander l'existence et la liberté aux hasards d'un exil lointain; j'ai vu notre petite fille mourir faute de sollicitude; j'ai vu mes anciens frères d'armes se détourner de moi comme d'un traître, et, ô dernière et suprême douleur, je perds maintenant ma fidèle amie, la compagne bien-aimée de ma vie, la chère et tendre mère de mes enfants! Ah! pleurez, pleurez, mes yeux!

Ma pauvre Louise a perdu plus que la vie : la raison. Ce matin, craignant que la nouvelle de l'insurrection n'augmentât les inquiétudes qui assiègent son esprit, je résolus, malgré l'état terrible de cette ville en guerre, d'aller la voir pour la tranquilliser sur mon sort. Hélas!

quand je parvins auprès d'elle, au prix de mille dangers, je ne la retrouvai plus : elle ne me reconnut pas !

Ah ! si vous saviez, vous qui lirez un jour ceci, combien c'est cruel d'apercevoir la démence au fond des deux yeux où l'on avait coutume de chercher la tendresse, l'affection fidèle, la consolation de tout ! Oh ! ce regard vide, fauve, étranger ! Cette voix tant aimée qui faisait partie de moi-même, changée, sauvage, prononçant des mots incohérents, exprimant des idées sans suite !...

L'interne de service eut compassion de ma détresse. Il s'approcha de moi et me parla doucement.

— Votre pauvre femme était trop malheureuse, monsieur Martin, me dit-il, croyez-moi, mieux vaut pour elle ne plus savoir et ne plus sentir. Lambeau par lambeau, j'ai appris de sa bouche votre triste histoire, et je puis vous dire qu'avec son tempérament impressionnable et son caractère affectueux, elle était incapable de supporter une pareille succession d'émotions douloureuses. Son mal est venu progressivement et c'est la mort de sa petite fille qui en a été la cause déterminante : c'est le délire de la persécution.

— Y a-t-il quelque espérance de guérison, docteur ?

— Rien n'est absolu, mais.....

— Je vous comprends. Souffre-t-elle ?

— Physiquement, non.

— La gardera-t-on ici ?

— Non. Elle va être transférée aujourd'hui même à l'asile Sainte-Anne.

— M'est-il permis de l'y accompagner ?

— Je ne crois pas, car elle n'est pas seule dans son cas : il y a trois démentes à évacuer aujourd'hui. Les cas de folie plus ou moins caractérisés se sont multipliés considérablement dans ces derniers temps. Mais je vais vous donner un mot pour un de mes camarades de là-bas, afin qu'on vous permette de voir votre femme dès son arrivée, à quatre heures.

J'irai donc après-midi revoir ma pauvre Louise — dans un asile d'aliénés! — et en même temps je passerai à l'établissement où vit mon fils Jacques, le dernier compagnon qui me reste maintenant! Je redoute que le cher garçon ne se laisse emporter par sa haine contre le gouvernement et par son amour de l'indépendance, et ne se mêle au mouvement insurrectionnel.

J'ai du temps de reste, maintenant, je puis me promener toute la journée : je suis tombé en disgrâce, on m'a retiré ma place de contrôleur et je fais mes douze heures de travail la nuit — en qualité de balayeur!

L'insurrection progresse. Elle est maîtresse de la moitié de Paris : tous les quartiers de la rive gauche sont en son pouvoir, ainsi que les hauteurs de Belleville. Dans le Nord et dans la Loire, les mineurs ont entraîné avec eux la presque totalité du personnel industriel; Lyon et Lille se sont déclarés pour eux, et on dit qu'une partie des troupes a passé aux insurgés. On parle aussi vaguement de soulèvement en Bretagne et dans les régions vinicoles.

La contre-révolution, en s'étendant, a dépassé les intentions primitives des métallurgistes et des mineurs; elle menace maintenant l'existence même du régime de la Démocratie sociale.

Les résultats de la guerre extérieure ne sont pas plus favorables. Bien que la police entrave, par tous moyens, la propagation des nouvelles désagréables au gouvernement, il ressort de bruits persistants, que les Anglais auraient réussi à opérer leur débarquement sur la côte normande et à occuper le Havre, et que, à la suite de combats malheureux, nos troupes battent en retraite devant les Allemands.

Cela devait arriver. La guerre est aujourd'hui une science exacte, et la science ne s'improvise pas. De plus, par l'effet de la désorganisation générale, nos armées sont mal équipées, mal vêtues, mal nourries; que peuvent, dans une pareille infériorité, l'intelligence des généraux et la bravoure des soldats?

Mais que m'importe tout cela, dans l'abîme de douleur où mon âme agonise? Tout m'est indifférent, de ce qui n'intéresse pas les miens. Une seule pensée surnage, dans l'immense naufrage de mes illusions, de mes espérances, de mes affections : c'est que mes descendants puissent me pardonner la part que j'ai prise à des événements qui leur ont ravi leur grand-père, leur mère, leur sœur, et qui ont ruiné de fond en comble leur bonheur domestique.

Que mes descendants me pardonnent!

J'ai agi dans la sincérité de mon âme. Je croyais bien faire, je me suis trompé : je courbe ma tête à cheveux gris sous le poids de ma faute et je vous demande humblement pardon, ô mes enfants!.....

XXXVI

ÉPILOGUE

A M. François Martin,
Imprimerie A. H. O. Stewarts,
New-York

Mon pauvre cher François,

Je distingue à peine ce que je t'écris, tant les larmes obscurcissent ma vue.

Nous sommes maintenant seuls au monde!

Je vais t'affliger cruellement, je le sais; mais tu ne souffriras pas plus en lisant ceci, que je ne souffre moi-même en te l'écrivant.

Hier soir, notre bon père avait bravé tous les dangers que présentent en ce moment les courses à travers Paris, pour aller voir notre pauvre maman, qui est internée maintenant à l'asile Sainte-Anne — je t'expliquerai comment tout à l'heure — et venir m'exhorter moi-même à ne pas quitter cette abominable prison, jusqu'à ce qu'il eût préparé lui-même l'évasion dont l'argent que tu m'as envoyé m'a fourni les moyens. Il était resté une grande heure avec moi, me parlant avec tendresse de notre mère, négligeant sa propre douleur pour me consoler, s'ingéniant à calmer mon impatience, à m'expliquer les précautions qu'il comptait prendre pour ma sécurité, lorsqu'il me quitta pour regagner son logis. J'étais inquiet, car il devait passer les ponts, qui forment maintenant une sorte de frontière entre le territoire du gouvernement et celui des insurgés, et je craignais qu'il ne lui fût plus difficile de retourner que de venir. Pauvre père! Je n'avais que trop de raisons de trembler!

Il était parti depuis une demi-heure à peine, quand on l'a rapporté, étendu, pâle et sanglant, sur une civière. Les gardes sociaux lui avaient tiré des coups de fusil, comme il s'engageait sur le Pont-au-Change : il avait une balle dans un bras et une autre au côté droit de la poitrine. Ces misérables l'avaient pris sans doute pour un émissaire des insurgés, et ils avaient fait feu de derrière les parapets, sans s'inquiéter de savoir s'ils ne se trompaient pas. Ce sont des grévistes, qui l'ont relevé et rapporté ici, sur sa prière.

Un coup de fusil l'atteignit

Comme il supportait courageusement ses souffrances, je crus d'abord que ses blessures n'étaient pas mortelles. Mais le chirurgien ne me laissa pas longtemps mon espoir, et père comprit aussi que son heure était proche. Il me fit pencher vers lui pour l'embrasser et de sa main valide me glissa un petit paquet, qu'il avait tiré de sa poche; c'était son journal et ton argent.

Il conserva sa liberté d'esprit pendant environ une heure, puis il tomba dans une prostration intermittente, après quoi il entra en agonie. Il est mort à dix heures du soir, et moi, j'ai passé le reste de la nuit à pleurer devant son cher visage pour toujours immobile et glacé.

Et ceci, mon pauvre François, n'est que la moitié de notre malheur. Père, dans sa visite, m'avait fait une épouvantable confidence : maman, notre maman si bonne et si chérie, est devenue folle à la suite de la mort de Marie, et elle est internée à Sainte-Anne, sans espoir de guérison! Elle ne se rappelle rien et ne reconnaît personne.

Nous sommes orphelins, mon pauvre François. Orphelins!...

Je n'ai plus que toi et Aline au monde. Vous êtes maintenant mon père et ma mère, ma seule famille, les seuls êtres que j'aime et qui m'aiment sur la terre, et je vais accourir vers vous, quand j'aurai confié le corps de notre père à cette terre de France, que j'ai hâte de fuir. Lorsque vous recevrez cette lettre, je serai déjà en mer, s'il plaît à Dieu!

Ici tout est chaos. Aux frontières, des défaites sanglantes; à l'intérieur, la guerre civile ou la tyrannie idiote et féroce. Tu connaîtras le détail de ces événements par le journal de notre père, que je te porte et qu'il a continué jusqu'à la veille même de sa mort.

Je vous embrasse, Aline et toi, avec toute l'affection dont est capable mon cœur en deuil.

JACQUES MARTIN.

TABLE DES MATIÈRES

Pages.

Paris. — L. Maretheux, imprimeur, 1, rue Cassette. — 9104.

www.ingramcontent.com/pod-product-compliance
Ingram Content Group UK Ltd.
Pitfield, Milton Keynes, MK11 3LW, UK
UKHW020333230726
13925UKWH00002B/767

9 782013 667111